《南昌历史文化丛书》编委会

主　任　龙和南
副主任　喻风林
编　委　万晓东　杜敏　皮洁　彭路萍　张凡　刘为勇
策　划　喻风林　杜敏
执行编审　杜敏　刘为勇

南昌历史文化丛书

南昌杏花楼

俞兆鹏 著

南昌市社会科学界联合会
南昌社会科学院 编

江西人民出版社
全国百佳出版社

总序

龙和南

南昌是一座历史文化名城,自古人文荟萃、文化昌盛,早在旧石器中晚期(距今四万年前)就有人类在这块土地上繁衍活动。自汉初建城以来,一直都是郡、州、道、府的治所,短期还曾做过南唐的南都,是江西经济、政治、文化的中心。悠久的历史、灿烂的文化给南昌留下了丰厚的文化遗产。那些可触可感的历代文物、口耳相传的流风遗韵、洋洋大观的故事典籍以及在历史上涌现的众多名人,都承载着南昌的城市记忆,构筑起南昌的城市文脉。

时代更替,岁月流逝,辉煌与沧桑的历史很难留下一部完整无缺、细节详尽的实录,也不可能给我们留下一成不变的昔日场景。无数发生在这块土地上的重要事件,我们只能从文物遗址中去寻找痕迹;无数活跃在这方热土上的先贤,我们只能通过史籍方志的记载去想象他们的音容笑貌;无数影响人们生活的传统习俗,我们只能通过耳口相传而得其大概。然而,这些精之所存、气之所蕴、神之所附的优秀文化传统早已被南昌人民铭刻在岁月深处,并在踏浪前行的历史发展中,藉以叩击新的梦想。

"参天之木,必有其根。怀山之水,必有其源。"历史是城市的缩影和积淀,做好南昌历史文化资源的挖掘、保护、利用工作,对于传承南昌的历史文脉,提升南昌的文化品位,塑造南昌的特色魅力,凝聚南昌城市文化认同感,增强南昌的综合竞争力,都能起到重要的作用。正是秉承"保护历史文化遗产、传承城市历史文脉"的主旨,南昌市社科联、南昌社科院专门组织力量编撰了一套《南昌历史文化丛书》，这套丛书涉及南昌历史文化的方方面面，既有古迹风光，也有艺文风姿；既有科宦风采，也有民俗风情，它们吸收了人们多年来对南昌历史文化资源调查和研究的成果，把抽象化的文字资料、物态化的历史遗迹、多样化的文化现象与精神化的人的心灵有机地结合起来，在"点"与"线"的交织中，呈现出南昌更为广阔的历史场景，揭示出南昌历史文化中更深层次的个性内涵。这套丛书可谓荟萃众美，通贯古今，图文并茂，雅俗共赏，既是南昌文化建设和社会科学研究的一大成果，又是继承和发扬南昌优秀传统文化的重要媒介。

文化是引导社会进步的标杆，只有记住曾经的沧桑，才能更好地远行，只有铭刻历史的印痕，才能延续文明的薪火。《南昌历史文化丛书》的编纂出版，无疑在这方面起到了引导和示范的作用，希望更多的有识之士参与到发掘、研究、宣传、弘扬南昌文化的行动中来，续写无愧于先贤、无愧于时代、无愧于后世的文化新篇。

文化的延续性在于继承，文化的生命力在于创新。我们继承传统文化，当然不是守旧复古，而是在发掘传统文化的历史意义和现实价值的基础上推陈出新，创造出具有我们时代特征的新的文化产品和新的文化业态，为经济社会发展催生出新的增长点和动力源。为此，希望广大读者借此丛书，在以新的视野和新的感受去寻觅、触摸南昌城市发展的历史足迹之时，能从中汲取更多的南昌文化优良传统和精神动力，并在新的时代条件下，用我们的智慧和双手创造南昌更加灿烂的今天和明天。

是为序。

(作者系中共南昌市委常委、宣传部长)

目录

南昌杏花楼历史文化沿革

一　湖心观音亭 ································ 2

二　"杏阴小隐" ································ 4

三　娄妃梳妆台 ································ 6

　(一)宁王朱宸濠 ···························· 6

　(二)娄　妃 ································ 7

　(三)画家唐寅在宁王府 ···················· 11

　(四)宸濠造反与娄妃之死 ·················· 12

　(五)蒋士铨与娄妃墓 ······················ 15

四　张位别墅杏花楼 ·························· 18

　(一)张位从政简历 ························ 18

　(二)张位的退隐生活 ······················ 22

　(三)张位与杏花楼 ························ 24

　(四)张位与汤显祖的交往 ·················· 26

　(五)张位与其他友人的交往 ················ 31

五　因是庵和观音亭 …………………………………… 34
　　（一）明清之际的杏花村 …………………………… 34
　　（二）因是庵 ………………………………………… 36
　　（三）观音亭 ………………………………………… 38
六　民国时期和解放后的杏花楼 ……………………… 39

南昌杏花楼诗选注

春游 ……………………………………	娄　妃	48
题《樵人图》…………………………	娄　妃	50
早行 ……………………………………	娄　妃	51
题西江绝壁 ……………………………	娄　妃	52
咏梅 ……………………………………	翠　妃	54
春日寄恨 ………………………………	翠　妃	55
自题《落霞孤鹜图》…………………	唐　寅	56
题《张灵行乞图》……………………	崔　莹	58
咏娄妃手写《黄庭经》………………	熊文登	61
过宸濠故宫吊娄妃 ……………………	李　绂	65
题娄妃墓图(四首) ……………………	蒋士铨	69
娄妃墓 …………………………………	蒋士铨	73
娄妃妆台(豫章怀古十二首之十) ……	张凤翥	75
登滕王阁(四首之四) …………………	张　位	77
章江寺 …………………………………	张　位	80
江天阁 …………………………………	张　位	82
滕王阁看王有信演《牡丹亭》(二首) …	汤显祖	84
上巳杏花楼小集二首 …………………	汤显祖	87

杏花楼宴答张师相二首 …………………… 汤显祖 89

闲云楼五日二首 ………………………………… 汤显祖 92

玉兰花开和张师相 ……………………………… 汤显祖 94

题闲云馆 …………………………………………… 刘应秋 96

题张洪阳闲云馆 ………………………………… 吴应宾 98

杏花楼 ……………………………………………… 黎元宽 100

步自杏花村过钟楼至上兰寺有感(四首) ……… 陈允蘅 102

杏花村访友 ………………………………………… 杜 濬 106

东湖因是庵 ………………………………………… 黄云师 108

杏花村(江城杂咏五首之四) …………………… 熊为霖 110

后记 …………………………………………… 112

南昌杏花楼历史文化沿革

坐落在今南昌市中心南湖北侧的杏花楼，风景美丽，历史悠久，是一处十分珍贵的名胜古迹。2006年有关部门批准其为省级文物保护单位，这对于弘扬南昌优秀历史文化和发展旅游业都有重大意义。但是，广大市民对杏花楼的历史文化价值所知甚少。为此，笔者特对南昌杏花楼历史文化的沿革进行介绍，希望于读者有所帮助。

一 湖心观音亭

在清代以前,现在南昌市区的东湖、西湖、南湖、北湖水域连成一片,可统称东湖。靠近今南湖北滨有一小洲,四面环水,湖面不波,柳映堤岸,鸟语花香,时或云蒸霞蔚,烟雨迷蒙,夜则月白风清,景色绮丽,环境幽静。因此,早在唐代,洲上曾经建有一座湖心亭,供游人憩息。后来,亭旁建筑不断增多,开始供奉观世音菩萨,称为"湖心观音亭",成了一座佛教寺院和僧人栖歇之所,同时仍为爱好探幽寻隐人士的盘桓之地。

由于资料缺乏,我们无法考知唐代湖心观音亭创建的具体年份,对它自唐、五代以来直至宋、元时期的历史沿革情况也一无所知,这不能不使人感到遗憾!

观音桥

二 "杏阴小隐"

自唐代以后，南昌湖心观音亭历经沧桑，终于被废弃。

在元、明两代，原观音亭遗址地处当时的杏花村中。杏花村是个很有名的村子，位于澹台门(即明代南昌城东门，又叫永和门)内、府学之东，村址大约相当于今天渊明路之东、叠山路以南、苏圃路之西、中山路以北的古东湖沿岸地区。据六修《南昌县志》记载，进贤门内东湖书院前街即古杏花村横街，也就是现在的中山路。

据乾隆《南昌县志》卷四十七《古迹》记载："豫章郡庠东有杏花村，中多隐君子。昔有陈先生仲易，以经学为南北学者所宗。而黄氏昆季伯善、仲美复为贵游所重，皆丰城产也。"黄伯善死后，他的儿子黄德文于明太祖洪武年间(1368—1398)，在杏花村"辟一室曰'杏阴(一作杏花)小隐'"。可见在元末明初，杏花村由于环境清幽，常成为隐士们居住和做学问的地方。

杏花楼全景之一

三 娄妃梳妆台

明代中期,南昌湖心观音亭遗址的东侧又有了新的建筑,并成为宁王朱宸濠妃子娄氏的梳妆台。

(一) 宁王朱宸濠

朱宸濠(?—1520),是明太祖朱元璋第十七子宁王朱权的玄孙,承袭为第四世宁王。他的母亲冯铖儿,早年当过倡伎。宸濠生性轻佻,却爱好文艺,喜欢附庸风雅。他满怀政治野心,并贪婪地聚敛刻剥,"尽夺诸附王府民庐,责民间子钱,强夺田宅子女;养群盗,劫财江湖,有司不敢问"[①]。当他继承王位后,听说南昌城东有"天子气",心中暗喜,便着手囤贮金宝、扩充兵力,并贿赂朝中大臣为内应,以便伺机造反夺取帝位。

宸濠生活奢侈,王府装修得金碧辉煌。他金屋藏娇,有紫妃居紫竹宫、素妃居素英宫、翠妃居绿英宫,另外还有个趣妃。他在阳春书院中叠石成山,掘地为池,池中种植荷

杏花楼主楼

花,江西提学副使、诗人李梦阳曾为阳春书院写记。平时,宫女们乘小艇在池中荡漾,边摘花果边唱采莲曲。②翠妃因能写诗受到宸濠宠幸。她曾作《咏梅》诗云:"绣针刺破纸糊窗,引透寒梅一线香。蝼蚁也知春色好,倒拖花片上东墙。"又作《春日寄恨》诗云:"玉砌雕阑忆梦中,妆成面面有东风。桃花生恨随流水,一到人间更不红。"③但在众多王妃中,与宸濠关系最亲密者,还要数娄妃。

(二)娄妃

娄妃(? —1519),名素珍,江西上饶人,理学家娄谅(1422—1491)的孙女,兵部郎中娄性(字原善)的长女。娄谅,字克贞,号一

娄妃书"屏"碑

娄妃书"翰"碑

斋。明英宗天顺八年(1464)进士,曾任成都训导,但不久即告归,闭门著书。他的学说"以收放心为居敬之门,以何思何虑勿忘勿助为居敬要旨"④,其学术思想近似陆九渊的心学。明代心学大师王守仁早年曾受业于娄谅。娄谅有二子:娄性、娄忱。娄性(1440—1510)于明宪宗成化十七年(1481)中进士,官至南京兵部武库司郎中,后罢政家居。明孝宗弘治十一年(1498),他曾被庐山白鹿洞书院聘为洞主。娄性生有二子:娄伯、娄仲;生有二女,长女即娄妃。娄性死时,娄妃年纪尚小。⑤

娄妃因出身理学名门,故为人贤明,能写诗作文,又工书法。宸濠生性聪敏,也喜吟咏,平时常与娄妃一起作诗唱和。娄妃曾作《春游》诗⑥一首记述与宸濠同游的情景:

春日并辔出芳郊,带得诗来马上敲。

著意寻春春不见,东风吹上海棠梢。

后人评娄妃的诗,认为颇有意境,风秀可诵。

娄妃的字也写得很好。她既能书擘窠大字,也能写工整的小楷。据明郑仲夔在《闰隽》中说:"江西省城'永和门'三字,是娄妃所书,书法遒劲可观。"又江西藩署(布政司使署)内有娄妃所书"屏翰"二字,臬署(按察司使署)内有娄妃手书"执法"二字。江西藩署原为宁王府,宸濠败亡后,成为布政司使署,直至清末,新中国成立后一度为南昌市人民政府所在地。臬署现为南昌市第一医院住院部。"执法"二字石刻今已不存。"屏翰"二字石刻已迁到今杏花楼南昌画院内。"屏""翰"二字分别刻在两块高 3.27 米、宽 2.59 米的青石板上，字体苍劲有力，传说是娄妃用头发所书。"屏翰"出自《诗经·大雅·板》："大邦为屏，大宗为翰。"娄妃的小楷至今未见。据清朱栾纂《江城旧事·娄妃写〈黄庭经〉》记载："娄氏精书翰，有人得其手写《黄庭经》，失其下函。熊于岸(文登)学博，以隶书续成之，施于佑清寺(今佑民寺)，因作诗以记其事。"诗中说："博士才华旧绝伦，峄山碑版揭摹真。但愁卷尾双钩笔，难仿簪花格样新。"可见娄妃的小楷很有创新特色，甚至书法高手也难以模仿。

(三)画家唐寅在宁王府

宸濠为了笼络知名文人，曾把当时著名画家唐寅请到了南昌宁王府。唐寅(1470—1523)，字伯虎，又字子畏，号六如，吴县(今江苏苏州)人。明孝宗弘治十一年(1498)举乡试第一名，人称"唐解元"。次年，参加会试，因主事官程敏政泄题之事受到牵连，含冤下狱，后被谪为吏，他耻而不就，回家后行为更加放浪不羁。也许是宸濠了解到唐寅对朝廷不满，便于武宗正德十四年(1519)初，派人以重金聘唐寅去宁王府教娄妃习画。唐寅到了南昌，受到宸濠盛情款待。

唐寅在南昌期间，曾去游览滕王阁，并乘兴画了一幅《落霞孤鹜图》，还在画上题诗[7]一首：

　　　　画栋珠帘烟水中，落霞孤鹜渺无踪。
　　　　千年想见王南海，曾借龙王一阵风。

唐寅在宁王府住了半年,发现宸濠平时行为多属不法。尤其是宸濠将唐寅的好友张灵的恋人崔莹强选为十美女之首献给皇帝,更使唐寅痛心疾首。后来,张灵和崔莹先后被迫自杀,唐寅为他们合葬。⑧唐寅发觉宸濠必将造反,他不愿卷入这一政治旋涡,常称病谢客。这时,娄妃派婢女彩萍给唐寅送去她亲书的一副药方和一盘枣、一盘梨,药方上写有十六个字:"病中风寒,即刻发汗,加服当归,病体保全。"唐寅意识到这是娄妃在暗示他:当归苏州,早(枣)离(梨)南昌。为了脱身,唐寅"佯狂使酒,露出丑秽"⑨。宸濠见唐寅只是一个狂生,就放他回家。不久,宸濠兵败身亡,唐寅因装疯得以幸免。

(四)宸濠造反与娄妃之死

娄妃为人贤惠,能识大体。她见宸濠骄横淫虐,屡加苦劝。宸濠虽不听从,但"独畏避娄,不敢犯以非礼"⑩。当时,明武宗虽然腐败,社会矛盾尖锐,然而宸濠意欲造反,旨在夺取皇位,并非为了革新政治,这只会使社会乱上加乱。有一天,宸濠写了一首《秋怀诗》,其中有"莫向西风问彭蠡,盘涡怒欲起蛟龙"⑪之句。娄妃看出宸濠把自己比作蛟龙,即将起兵造反,流泪进行劝阻。宸濠不听。有一次,宸濠拿了一幅樵夫图要娄妃题诗。娄妃见画中一个樵夫正回头与妻子说话,便灵机一动,写了一首《题〈樵人图〉》⑫,诗云:

妇唤夫兮夫转听,采樵须是担头轻。
昨宵雨过苍苔滑,莫向苍苔险处行。

娄妃借题发挥,劝宸濠不要冒险造反。宸濠依然不听。

明武宗正德十四年(1519)六月十三日,宸濠举兵造反,杀死都御史孙燧、按察副使许逵,自称皇帝,改元顺德。娄妃闻讯,又行劝阻。宸濠大怒,斩透露消息的内侍十余人,将首级送给娄妃,从此娄妃不敢再言。宸濠率领大军准备出发,娄妃欲做最后一次努力,作《早行诗》⑬,隐含规劝:

金鸡未报五更晓,宝马先嘶十里风。
欲借三杯壮行色,酒家犹在梦魂中。

娄妃在诗中告诫宸濠,起兵造反,不合时宜,不会得到百姓支持。

宸濠带着娄妃等宫眷,领兵顺赣江,经鄱阳湖,入长江东进。他在攻打安庆未下时,惊闻提督南赣右佥都御史王守仁等已统率官兵攻占南昌,便回师准备争夺南昌。七月二十四日,叛军至赣江黄家渡(一作土家渡)与官兵相遇,战败,退保八字脑。二十五日,又战,宸濠又败,退至樵舍。二十六日,官兵四面合围并进行火攻。宸濠见大势已去,便与众嫔妃泣别。娄妃对宸濠说:"不用吾言以至此,尚何道!"⑭娄妃因多次劝阻宸濠造反无效,早就作了以死了却一生的思想准备。她"周身皆以绵绳内结"⑮,以免死后遭人污辱。临死前,她曾有《题西江绝壁》⑯诗一首:

画虎屠龙叹旧图,血书才了凤睛枯。

迄今十丈鄱湖水,流尽当年泪点无。

娄妃告别众人后即投赣江自尽。宸濠也跳江自杀,因水浅未死,被官兵俘获。

宸濠被俘后,深悔当初不听娄妃的劝告,叹道:"纣以用妇言而亡,吾以不用妇言亡!"他托王守仁安葬娄妃,后在狱中,"每饭必别具馔祀之,言及,辄叹曰:'负此贤妇也!'"⑰

娄妃在樵舍投江后,她的遗体本应顺流北上,却被南昌人在樵舍以南的黄家渡打捞起来,故后人以为娄妃自沉于黄家渡。其实,通过对史料的分析,可以确定娄妃死于樵舍。娄妃遗体溯流而南有三个原因:一是叛军与官军在樵舍作战时,风向忽北忽南,娄妃投江后可能刮了北风;二是娄妃投江处靠近岸边,遗体可能被回流冲向上游,宸濠同时投江因水浅未死可作旁证;三是两军作战,战船相互激荡,遗体也可能被冲向江边。

娄妃遗体被人捞起后,据说"为南昌人私葬"⑱,"邦人钦其贤且烈,私为具厚殓,葬于德胜门外"⑲。据大多数史书记载,娄妃系由王守仁安葬。如《江西诗征·名媛一·娄妃》载:"濠被擒,妃投江死,王文成闻之,叹曰:'贤妃也!'亟遣人葬之。"此外,《涌幢小品·娄妃》、《明书·纪一·皇子诸王宗室记二·宁记》、民国刊六修《南昌县志·古迹下》各书都说娄妃系王守仁安葬。此外,《王文成公全书》卷十七也收入了《牌行江西二司安葬宁府宫眷》一文。王守仁是理学家娄谅的学生,他认为娄妃是个维护明朝中央政权的贤妃,以礼安葬也算名正言顺,并无政治风险。

娄妃死后,获得舆论的一致好评。明代上饶人、湖广参政郑毅写诗歌颂娄妃说:"道义传心有定论,贤妃原是一斋孙。"[20]清代临川人李绂写有《过宸濠故宫吊娄妃》诗,赞美娄妃的明智、贤淑和节烈:"女智莫如妇,吾常闻斯言。不听妇言败,宸濠毋乃颠……吾闻娄一斋,理学承薪传。贤淑见诸孙,大节光逆藩。阳明昔志道,娄公启先鞭。于妃宜敬恭,世讲明渊源。髽樏葬以礼,彼昏徒拳拳。"[21]清代诗人张凤翥路过娄妃梳妆台,也曾赋七律一首,其中说:"青丝莫挽奸雄气,红粉终留激烈身。替想幽魂谁比洁,菱花镜里大江滨。"[22]

(五)蒋士铨与娄妃墓

后人对娄妃最为推崇的,要数清代乾隆时期的著名诗人、戏剧家蒋士铨。

蒋士铨(1725—1785),字心余,号藏园,江西铅山人。乾隆二十二年(1757)进士,授庶吉士,转翰林编修。乾隆皇帝称他为江西名士。后因不合于朝,负气节,奉母家居,建藏园于南昌进贤门外。他长于七言诗,尤工词曲,善作戏剧。著有《藏园九种曲》《忠雅堂诗文集》等。

乾隆十六年(1751)三月,蒋士铨应聘来修《南昌县志》,得知娄妃墓在南昌城德胜门外隆兴观侧,已荒芜不堪,便请求江西布政使彭家屏为娄妃修墓。彭家屏筹款修理,并立了刻有"前明宁王庶人娄贤妃墓在此"字样的墓碑。蒋士铨为表彰娄妃的英烈和表达百姓对她的怀念之情，特编《一片石》杂剧，剧中娄妃以神女形象出现，说她死后被上帝封为"灵慈英烈贞妃"。

乾隆二十年(1755)，蒋士铨还自绘娄妃墓图，并作了《题娄妃墓图》诗四首，以记当年发现和修理娄妃墓的情况。

乾隆四十年(1775)冬，蒋士铨又通过友人阮见亭引见其舅、权江西布政使吴山凤，嘱修娄妃墓。次年，吴山凤募捐，命新建县令伍省亭修墓，并立碑建坊。为赞美吴山凤重修娄妃墓的义举，蒋士铨又创作了《第二碑》传奇曲本。

蒋士铨对娄妃墓总是念念不忘，直到乾隆四十八年(1783)，他又在南昌写了《娄妃墓》[23]一诗：

贤妇言多苦，樵人不肯听。遗丘一抔在，秋草几回青。
吊古心原共，寻诗骑偶停。水仙旂猎猎，日暮自扬灵。

清朝同治年间(1862—1874)，督粮道邓仁堃又重修娄妃墓。光绪十九年(1893)，江西布政使方汝翼再修娄妃墓，并重建石坊，造屋于墓后[24]。

解放前，娄妃葬地塘子河边的地名叫"娄妃墓"，并设有"娄妃小学"以志纪念。岁月沧桑，娄妃墓今已不存。

杏花楼牌坊

四 张位别墅杏花楼

明神宗万历年间(1573—1620),娄妃梳妆台又被改建为内阁大学士张位的别墅。明人陈弘绪写道:"杏花楼在东湖旁,相国张文端公位别业。长堤蜿蟺,垂柳毵毵覆之。楼孤峙于水中央,四面苍波,翠影环抱,寂无左右邻居。"⑳这里的确是一处隐居养性的好地方。

(一)张位从政简历

张位(1534—?),字明成,号洪阳,江西新建人。明穆宗隆庆二年(1568)进士,被选为翰林庶吉士、授编修,参与纂修《世宗实录》。他为人忠直,人们把他比作宋代的欧阳修。明神宗万历元年(1573),张位建议朝廷设起居注,得到内阁首辅张居正的首肯。万历五年(1577),张居正父死不去奔丧,朝臣纷纷上奏弹劾。张居正大怒,欲廷杖弹劾朝臣。张位上疏论救,触犯了张居正,由侍讲谪为南京国子监司业,又贬为徐州同知。万历十年(1582)张居正死,张位才逐步升任为礼部右侍郎。不久因病告归,曾长期里居,潜心学问。万历十九年(1591),由内阁首辅申时行推荐,张位拜吏部左侍郎,兼东阁大学士,参与机务。

万历二十年(1592),日本侵略朝鲜,朝鲜向明朝求救。张位欲亲自出征,被内阁首辅赵志皋留住,于是命宋应昌经略备倭军务,又以李如松任防海御倭总兵官率大军往朝鲜。次年,明军击败日兵,日本被迫议和,愿与明朝建立封贡关系。张位升为礼部尚书、文渊阁大学士。

当时,神宗宠爱郑贵妃,欲立其子朱常洵为太子。群臣交章上奏,要求立嫡长子朱常洛为太子,皆受廷杖。张位入阁后毅然上疏,首陈国是纪纲,力请神宗早立太子。万历二十二年(1594),张位又奏请皇长子出阁读书受教。神宗无奈,只得准奏,并封张位为太子太保。

万历二十四年(1596),神宗派宦官到各省开矿,并设税使掠夺民财。张位等屡谏停开矿,罢税使。神宗不听。

万历二十五年(1597),日本"关白"(丞相)丰臣秀吉拒绝明朝的封号,封贡事坏,日本再次出兵侵略朝鲜。朝鲜遣使来明朝求援。张位力荐杨镐为经略朝鲜军务,又荐邢玠为经略御倭。张位又升任少保、吏部尚书兼武英殿大学士。明军大破日兵。但次年正月,杨镐在对日作战中一度失利。明朝又增兵赴朝继续抗击日兵。七月,丰臣秀吉死,日本退兵求和。

在万历二十五年(1597)明朝第二次抗日援朝期间,国内阶级矛盾十分激烈,朝官中党派斗争也非常尖锐。六月,张位请求神宗"引咎颁赦,勤朝政,发奏章,躬郊庙,建皇储,录废弃,容狂直,宥细过,补缺官,减织造,停矿使,撤税监,释系囚"。㉖神宗不听。万历二

杏花楼全景之二

十六年(1598)六月,杨镐丧师的消息传来,赞画主事丁应泰即上奏,诬陷张位因受贿而推荐杨镐,于是张位被罢官回家闲居。当年秋天,朝廷发现了题为《忧危竑议》的"妖书",书中影射郑妃有欲立己子常洵为太子之意。外戚郑承恩、御史赵之翰等又上奏诬指张位为炮制"妖书"的主谋,张位被削职为民,永不宽宥。直到熹宗天启初年(1621),才追复张位原官,赠谥"文庄"(一作"文端")。

(二)张位的退隐生活

张位罢官后,即回到南昌杏花村的"洪阳府"。不过,有时他也住在别墅闲云馆、杏花楼或丛桂山房(又称丛桂轩)中。为了避免再卷入政治派系斗争的旋涡,张位在闲云馆中给自己挂上"四不四宜"的座右铭:"不入公门,不谈时事,不赴公宴,不作诗文";"宜寻山问水,宜种树栽花,宜习静讲道,宜酌酒听歌。"㉗张位晚年基本上做到了"四宜",但由于他并未停止社会交往,也就无法遵守"四不"。

张位被罢官后,心态并不颓唐,仍坚持道德修养,注意节欲,把主要精力用于学术研究和推动家乡的文艺创作活动。当时著名戏曲家汤显祖说张位"勋爵著盛而皆不极其欲,欣欣于道,其意固远",甚至到七十岁时仍"精神态度,凝粹无异",因此盛赞张位是"豁达文章伯,纡徐道德臣","调和轻将相,师表在人伦"。㉘

晚年,张位专心在其别墅杏花楼、闲云馆(又称闲云楼)等处植树、种花、养草,并在其中宴酒、听曲和纵谈学术文艺,后来还编了《闲云馆集钞》和《丛桂山房汇稿》。汤显祖说张位当时"侧身归羽翮,危节寄松筠。太史横经昔,诸生绕座频"。"山房寒折简,江阁醉含醇"。"香台时作主,丹室夜留宾"㉙。闲云馆在南昌城德胜门外,紧靠江边(位置相当于今天的八一桥头),环境十分幽静。明人刘应秋的《题闲云馆》和吴应宾的《题张洪阳闲云馆》两诗,充分反映了张位隐居时修身养性的闲适心态。

张位还经常外出游山玩水,遍访南昌名胜古迹,并写下了不少诗文。如他曾往游滕王阁、章江寺,万历三十六年(1608)在扬子洲上建江天阁,还去新建桃花岭登山赏雪,写了《新修滕王阁记》和《登滕王阁》诗、《复兴章江寺记》和《章江寺》诗、《江天阁记》和《江天阁》诗以及《二月桃花岭看雪》诗等等。他在《登滕王阁》诗中抒发了自己建造闲云楼的得意心情:"我亦江边结小楼,闲云偏为竹窗留。遥闻滕阁笙簧沸,更觉吾庐松菊幽。"㉚在《章江寺》㉛诗中,张位则抒发了他醉心风景淡泊名利的闲适心情:

> 十里神皋控上游,五陵佳色郁葱浮。
> 凤凰洲畔王孙草,鸥鹭沙边帝子楼。
> 风散岚光乔岭出,雨添潮势大江流。
> 名航利舶争来往,赢得闲人眺望收。

张位对待族人亲戚都十分热情。每逢祭祀或各种节日,他都亲自督办,设宴与大家尽欢。在元宵节、重阳节时,他特去看望和慰问各家亲友。在清明节时,必设内宴,普遍招待本家亲属,长幼不遗。在端午节时,宴请本族各家女婿,不分贫富,全部出席,酒后另加切肉、干鱼、蒸蛋、腐蔬四碗菜下饭,并说这是"吾良医太公家法"㉜,

不敢违背。张位设宴整而不奢,生活朴素,待人真诚。

(三)张位与杏花楼

张位在南昌城内的别墅,主要是杏花村中的杏花楼。张位在这里宴请客人、欣赏音乐、登楼观景,过着神仙般的生活。

明人黎元宽曾写有《杏花楼》[33]一诗,描写了张位罢官回家后所建杏花楼的景色:

> 杏花楼下泛香波,楼上看花净绮罗。
> 堤列锁丝迟马走,村沽斗酒听鹂歌。
> 三洲苏圃炎寒共,两相平泉木石多。
> 王谢乌衣能复起,归来旧燕创新窝。

然而,最能反映杏花楼景色和张位退隐生活的,还要推汤显祖的诗《杏花楼宴答张师相二首》[34]:

> 仙人近住杏花楼,篱门相对百花洲。
> 端居色色春来好,高卧时时云出游。
> 洞户雨迴苍翠晓,明湖风切管弦流。
> 欢深向夕临阑兴,何限烟波倚钓舟。
>
> 紫禁初归鬓未华,五云楼阁是仙家。
> 湖光欲泻窗棂入,磴道全依草树斜。

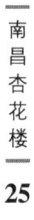

杏花楼全景之三

风物差池疑凤岭，月光清浅问龙沙。

白头弟子抛闲得，春色年年醉杏花。

汤显祖还作有《上巳杏花楼小集》[35]诗二首，描写了万历二十五年(1607)三月张位在杏花楼会客的情景：

茂林修竹美南州，相国宗侯集胜游。

大好年光与湖色，一尊风雨杏花楼。

花枝湖滟渌如红,上巳尊开雨和风。

坐对亭皋复将夕,客心销在杏楼中。

明代南昌文人多喜结社,切磋诗文,议论时政。张位在杏花楼的活动,实际上具有这种文社性质。汤显祖晚年就曾经主盟滕王阁社㊱。后来,明末新建文士陈弘绪(1597—1665)继承了这种文人结社的传统。他曾说:"杏花楼在东湖旁……万历末,予与彦会十一人结社其处。"㊲

明毅宗崇祯年间(1628—1644),又有南昌学者舒曰敬(约1566—1644)也曾经主持过杏花楼社。由此可以推知,在明亡之前,杏花楼一直是文人聚会的场所。

(四)张位与汤显祖的交往

张位晚年退居南昌时,在与他交往的众多文人之中,最突出的是汤显祖。

汤显祖(1550—1617),字义仍,号若士,江西临川人。少年时即有文名。二十一岁乡试中举。万历五年(1577)因拒绝权臣张居正延揽,会试不第,前往南京国子监游学。至万历十一年(1583)始得同进士出身。次年,又因拒绝辅臣申时行等招致,出为南京太常寺博士。后迁南京礼部主事。万历十九年(1591),上《论辅臣科臣疏》,抨击权臣窃政,指名批评内阁首辅张居正"刚而多欲"、申时行"柔而多欲"㊳,败坏政治,被谪为广东徐闻县典史。万历二十一年(1593)

汤显祖

调任浙江遂昌知县,因打击豪强,冒犯权贵,于二十六年(1598)弃官归临川,并于当年作《牡丹亭》传奇。汤显祖不仅是中国的而且是世界的伟大戏曲家和文学家,他所写的《紫钗记》《牡丹亭》《南柯记》《邯郸记》四部传奇,堪称不朽之作。

《牡丹亭》剧照

滕王阁

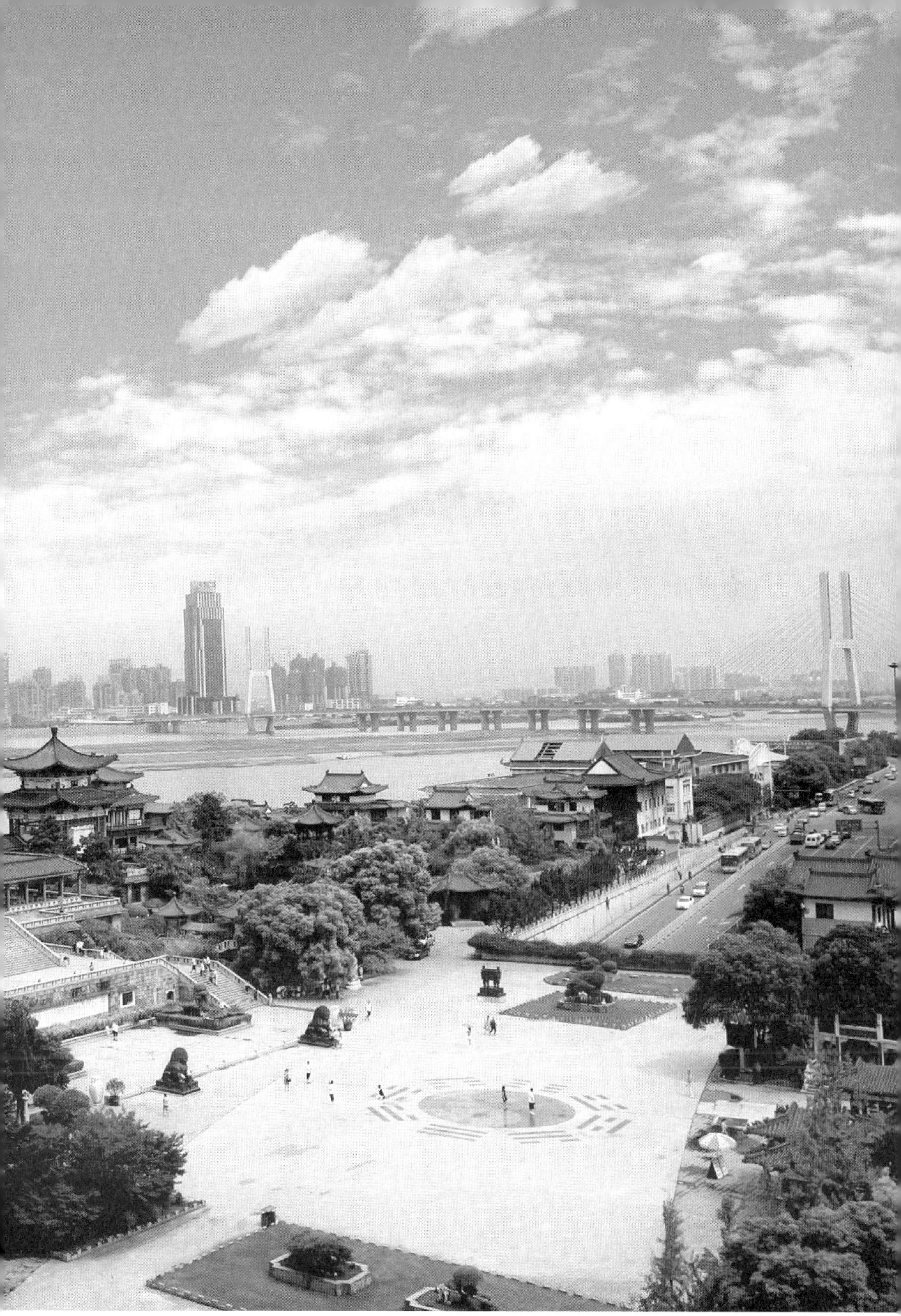

汤显祖与张位相识是在万历五年(1577)。那一年,他去南京国子监游学,正逢张位任南京国子监司业,因而称之为师。两人都因得罪张居正而遭贬斥,实属同病相怜。此后,两人之间断了来往。直到万历二十六年(1598)之后,他们才在南昌重逢。汤显祖十分敬重张位,对张位所遭受的冤屈表示同情。他认为张位力劝神宗早建皇储"其功在天下万世"。他又认为张位"东征决策,辽蓟无恐,威慑海外,实奠肘腋",对抗日援朝有很大贡献[39]。

汤显祖弃官回临川后,常来南昌与张位及其他友人交游。万历二十七年(1599)九月重阳节举行重修滕王阁落成典礼,张位应邀出席,并撰《新修滕王阁记》,汤显祖也被邀参加,并在滕王阁观看由浙江海盐班王有信演出的《牡丹亭》。演出非常成功,观众深为感动。汤显祖作《滕王阁看王有信演〈牡丹亭〉》诗[40]二首以记其事:

韵若笙箫气若丝,牡丹魂梦去来时。
河移客散江波起,不解销魂不遣知。

桦烛烟销泣绛纱,清微苦调脆残霞。
愁来一座更衣起,江树沉沉天汉斜。

汤显祖经常去张位的杏花楼、闲云馆与友人聚会,纵谈学问,唱和诗词,议论时事,倾听音乐,欣赏戏曲。汤显祖写有《闲云楼五日二首》[41]诗记录了当时的情景:

坐隐湖帘触兽环,一弹一说恨关山。
　　今宵一片蕤宾铁,跳出平池烟月间。

　　粗参绛帐与横经,却许铿锵到后庭。
　　为道曲名灯下见,唱来还是隔帘听。

此外,汤显祖还写了《玉兰花开和张师相》㊷一诗,记录了张位和友人月夜听曲的幽情:

　　长廊客散雨微初,素影高寒月下行。
　　似是相公怜曲庞,《木兰花慢》一声声。

万历三十一年(1603)正月上旬,张位七十岁生辰,汤显祖虔诚地去为他祝寿,特作《春王十日奉寿洪阳师二十八韵(有序)》《奉寿洪阳张相公》等诗,还为人代写了《张洪阳相公七十寿序》,歌颂了张位高尚的道德和不朽的功勋。

万历三十五年(1607)二月,汤显祖又曾陪同张位去新建县桃花岭赏花看雪、唱和诗歌,作《从张相国桃花岭敬次八韵》《陪张师相桃花岭即事十绝》《和张师相二月桃花岭看雪》等诗,描写了山景和桃花的美好以及他们飘飘欲仙的出世心情。

(五)张位与其他友人的交往

张位退居后,与他交往的除了汤显祖之外,目前据我们所知还有邓以赞、丁此吕、刘应秋、张汝霖、汪元功、黄一腾、蓝翰卿、朱郁仪等人。

邓以赞，字汝林，号定宇，新建人。隆庆五年(1571)进士，授编修。万历初，他因对张居正常有批评或建议未被接受，称病而归，后又被起用，升吏部右侍郎。他与张位等一起奏请神宗早立太子。他品端志洁，为人至孝，后来竟因母丧不胜悲痛而死，谥“文洁”。张位与他政治立场相同，故成为至交，汤显祖说张位“厥友惟邓君”[43]。张位曾作《秋夕忆邓定宇兼讯玉隆宫旧构逍遥净庐》诗和《邓文洁公祠记》，可见思念之深。

丁此吕(1550—1609)，字右武，新建人。万历五年(1577)进士。官至浙江右参政。万历二十三年(1595)，吏部尚书孙丕扬以贪污罪将他逮捕。大学士赵志皋上疏说“此吕有气节，未必贪污”[44]，神宗不听。他曾要求神宗撤鳌山，停织造、烧造(瓷器)，去张居正余党。后被罢官家居。他与张位、汤显祖交情甚厚，万历三十五年(1607)三月曾在杏花楼聚会。

刘应秋 (1555—1620)，字士和，江西吉水人。万历十一年(1583)进士，授编修。历官至国子监祭酒。万历二十六年(1598)“妖书”案发，张位被诬为主谋，刘应秋因受牵连而被黜归[45]。罢官后，他成为张位的座上客，还作了《题闲云馆》诗。

新建县令汪元功、清江县令张汝霖都曾经是张位的门下士，南昌县令黄一腾与张位相知最深。他们曾请汤显祖代笔写了《张洪阳相公七十寿序》。

此外，宁王后裔朱郁仪(名谋玮，家富藏书，著作丰富，以中尉摄石城王府事）、福建莆田人蓝翰卿（汤显祖的门生）等人，也都在万历三十五年（1607）三月参加了在杏花楼的上巳节集会，汤显祖作有《上巳杏花楼小集》一诗记其事。

五 因是庵和观音亭

(一)明清之际的杏花村

明末天启、崇祯时期(1621—1644),张位已死去多年,而杏花村风景依旧。明末诗人王仲序在《杏花村》[46]一诗中曾写道:"省垣东去路迂斜,犹有名村是杏花。春水平芜千万顷,暖风沽酒两三家。"当时,杏花楼也还存在,黎元宽在《杏花楼》诗中,曾描写过其幽雅的环境,并忆及张位的退隐生活。同时,陈弘绪、舒曰敬等文人学士还组织过杏花楼文社,人文风流似乎尚未消失。

可是好景不长,经过明末清初的战争岁月,社会动荡,经济衰退,杏花村也变得十分萧条。清初诗人陈允蘅的《步自杏花村过钟楼至上蓝寺有感》[47]诗四首,充分反映了当时杏花村的荒凉和诗人的忧伤情绪:

荒城迷旧路,湖水激深痕。马走风俱疾,乌啼日易昏。
丰碑表蔬圃,浅苇失烟村。眼底沧桑事,天心不可言。

古寺闲寻得,篱疏竹数竿。僧偏渡江早,客正入山难。土锉烟初断,香台影自寒。皈依何日是,愁思又无端。

祀废频年复,谯高异代经。政闲兴土木,俗改信神灵。野草春还长,湖波夜不停。人踪看渐少,鬼语趁流萤。

回首三洲路,余哀寄水涯。几人娴玉帐?通国攘乌纱。自冷秋屏黛,空飞春渚花。军中多睇笑,罗绮入谁家?

同时,杜濬的《杏花村访友》[48]诗也描写了杏花村的衰败:

野夫不识路,逐步问君家。但见新荆棘,曾无古杏花。风传林杪磬,烟起竹间茶。始至幽栖地,行迟日渐斜。

清初,杏花楼文人聚会的风流盛事也已成为历史的回忆。清人熊为霖的《杏花村》[49]一诗写道:

图向昆明画几分,相公亭阁麝脐薰。
杏花村里洪阳府,谁认当年翡翠群?

从以上几首诗中,我们可以看出,清初的杏花村野草丛生,乌啼日昏,民生困穷,人心空虚,宗教流行,人文精神奄奄一息。

(二)因是庵

清初，在杏花楼西侧建起了"因是庵"。关于因是庵何时建成，目前尚无确切年代可考，但大致可以肯定在清世祖顺治年间(1644—1661)。

据六修《南昌县志》卷五十八《古迹中》记载："因是庵一名大士庵，在广济桥北湖中，李元鼎有重修碑记。"所谓"重修"，是指重建唐人的"湖心观音亭"。李元鼎何许人？他是何时写碑记的呢？

李元鼎（？—约1653），字梅公，吉水人。明熹宗天启二年(1622)进士，官至光禄寺少卿。崇祯十七年(1644)投降李自成农民起义军。清兵入关，他又转而降清。清世祖顺治二年(1645)后任太仆寺卿、太常寺卿，升兵部左侍郎。后因罪论绞，免死，以杖刑、徒刑折赎。顺治十年(1653)死去。从李元鼎的经历看，既然明末南昌文人仍在杏花楼活动，而顺治五年(1648)又发生过清兵镇压金声桓叛乱的战争，故李元鼎为因是庵写重建碑记只能在清顺治六年至十年(1649—1653)之间。

再说，陈允蘅是明末清初南昌人。他为逃避战乱曾流浪到遥远的鸠兹(在今新疆境内)，晚年回到南昌东湖居住应在清顺治六年(1649)之后。他在诗中所写的"祀废频年复，譙高异代经。政闲兴土木，俗改信神灵"等句，很可能与重修因是庵有关。此外，《补江城名迹记》中也有诗云："娄妃妆台何处寻？传闻遗址在湖心。不道居民贪福利，募缘建阁祀观音！"

清初学者黄云师写有《东湖因是庵》[50]一诗，描写了这座新修

观音桥

庵堂的周围环境:

  白野闲依堞,萧萧坐碧丛。柳将秋气瘦,人过板桥空。
  佛火连虚悒,渔梁落晚虹。徘徊宜小隐,幽兴谁与同?

看来因是庵甚是冷落,香火并不旺盛,难怪陈允衡说杏花村中"人踪看渐少,鬼语趁流萤"。

(三)观音亭

因是庵自清初以来经过一百三四十年的风雨侵蚀,又变得破旧不堪。清高宗乾隆五十三年(1788),僧果传募捐进行重修,改庵名为"观音亭"。"前亭供祀观音,后殿满藏佛像。"[51] 因是庵东边原有一座木桥,即黄云师所说"人过板桥空"的那座板桥,果传把它改建成了石桥(今观音桥)。果传还在观音亭正南面的湖岸上树起了一座高高的木牌坊,上题"回头是岸"四字。木牌坊之南有一条巷子通到广济桥(即状元桥)。巷口挂了一块匾额,上面标有"湖心观音亭"庵名,以引导香客和游人。观音亭四周湖水中种有大量荷花,荷香四溢,风景优美,因此,民间俗称观音亭为"水观音亭"。[52]

六 民国时期和解放后的杏花楼

近代中国变成了半殖民地半封建社会,腐败的政府不会去重修杏花楼,观音亭也因年深月久而逐渐倾圮。民国五年(1916),以张嘉猷、包发鸾为首的南昌同德善堂,"为公共祈祷及办理各项善举之用"[53],开始筹划募捐重修湖心观音亭。历经三年,共费大洋一万五千余元,终于在民国七年(1918)修成湖心观音亭,次年由钟元赞撰写了《重修湖心观音亭碑铭》。

整个民国时期(1912—1949),杏花楼默默无闻,水观音亭也只是个不起眼的小庵堂,而且经常移作他用,但其间也有几件值得一提的事情。

1927年南昌八一起义时,杏花楼和水观音亭曾经是起义军攻击驻守贡院(今八一公园)敌军的一个战斗点,从而成为中国人民解放军建军史上的一处革命遗址。

1928年,邓范昭女士在杏花楼创办了私立陶英小学,这

杏花楼二层挑尖梁

里一度又成为培养人才的文教基地之一。

1930年,著名画家徐悲鸿(1895—1953)来南昌,他曾与当时南昌的青年画家傅抱石(1904—1965)同住在杏花楼,从事书画创作。傅抱石,江西新余人,生于南昌。1923年他在南昌江西第一师范毕业后当过中小学教师。傅抱石酷爱书画和篆刻艺术,曾受徐悲鸿的指导,后来成长为大画家,解放后曾任中国美术家协会副主席。傅抱石和徐悲鸿同住杏花楼从事书画创作,成就了中国美术史上的一段佳话。

1949年5月22日,南昌解放。

杏花楼坊间墨画之一

杏花楼坊间墨画之二

杏花楼坊间墨画之三

杏花楼坊间墨画之四

1953年，陶英小学将杏花楼长期移交给江西省文物管理委员会作为办公场所。"文化大革命"时期，水观音亭被毁。1968年，杏花楼成为江西省博物馆的文物仓库。至1971年，省博物馆才将杏花楼移交给南昌市东湖区房管所使用。

1983年，南昌市政府会议决定将杏花楼划给南昌画院管理。经过全面修整，杏花楼成了南昌书画界进行创作、交流和展出的重要场所。

1985年，杏花楼被列为南昌市文物保护单位，除已被拆除的水观音亭外，现存杏花楼建筑保存完好。1989年2月4日，经南昌市人民政府批准，杏花楼正式对外开放，供群众参观游览。1996年，主楼后面平房曾为南昌市文物保护管理委员会办公场所。2002年，市文管会撤出，现在杏花楼整体由南昌画院管理。

杏花楼白墙黛瓦，画梁朱柱，飞檐翘角，镂花窗棂，加上院内湖石和绿树鲜花的点缀、湖光倒影的衬映，显得格外优美恬静。随着我国社会主义现代化建设事业的蓬勃发展，我们坚信，杏花楼必将成为著名的风景旅游点和历史文化圣地。

注

①[清]张廷玉等：《明史》卷117《诸王传·宸濠》。

②[清]褚人获：《坚瓠集》六集卷1《翠妃》。

③[清]曾燠辑：《江西诗征》卷58《名媛一·翠妃》。

④[明]黄宗羲：《明儒学案》卷5《崇仁学案二·广文娄一斋先生谅》。

⑤上饶博物馆：《南京武库清吏司郎中致仕进阶朝议大夫娄君墓志铭》。

⑥[清]朱栾：《江城旧事》卷10《娄妃诗》。《江西诗征》卷58《名媛一·娄妃》。

⑦[明]唐寅：《自题落霞孤鹜图》，见王咨臣等主编《滕王阁诗文广存》，文化艺术出版社1990年版。

⑧《江城旧事》卷10《十美图》。

⑨《明史》卷286《文苑传二·唐寅传》。

⑩⑭[明]朱国祯：《涌幢小品》卷5《娄妃》。

⑪《江城旧事》卷9《宁藩》。《坚瓠集》首集卷3《宸濠娄妃》。

⑫⑬《坚瓠集》首集卷3《宸濠娄妃》。《江西诗征》卷58《名媛一·娄妃》。

⑮《江西诗征》卷58《名媛一·娄妃》。

⑯㉒[清]张凤翥：《镜真山房诗钞》卷1《豫章怀古·娄妃妆台》。

⑰[明]傅维麟：《明书》卷87《记一·皇子诸王宗室记二·宁记》，《丛书集成初编》本。

⑱蒋士铨撰、徐海清校、李梦生笺：《忠雅堂集校笺》，《忠雅堂

文集》卷 2《序二·一片石填词自序》,上海古籍出版社 1993 年版。

⑲同治《新建县志》卷 68《冢墓》。

⑳乾隆《上饶县志》卷 11《列女传》。

㉑乾隆《南昌县志》卷 68《艺文·诗上》。

㉓《忠雅堂集校笺》,《忠雅堂诗集》卷 26。

㉔同治《南昌县志》卷 59《古迹下》。

㉕㊲[明]陈弘绪:《江城名迹记》卷 2。

㉖《明史》卷 219《张位传》。

㉗《江城旧事》卷 12《张相国四不四宜》。

㉘㉙㊴徐朔方笺校:《汤显祖集》卷 15《玉茗堂诗之十·奉寿洪阳师二十八韵序》,中华书局上海编辑所 1962 年版。

㉚㉛南昌市地方志编委会办公室:《滕王阁志》第 177 页,江西人民出版社 1993 年版。

㉜《江城旧事》卷 12《张文端家法》。

㉝㊻《南昌诗征》卷 4《七言律》。

㉞《汤显祖集》卷 17《玉茗堂诗之十二》。

㉟《汤显祖集》卷 16《玉茗堂诗之十一》。

㊱[明]李明睿:《重修滕王阁记》,见王咨臣等主编《滕王阁诗文广存》,文化艺术出版社 1990 年版。

㊳《明史》卷 230《汤显祖传》。

㊵㊶㊷《汤显祖集》卷 19《玉茗堂诗之十四》。

㊸《汤显祖集》卷 17《玉茗堂诗之十二·过洪阳先生丛桂轩望仙有作》。

㊹《明史》卷229《丁此吕传》。

㊺《明史》卷216《刘应秋传》。

㊼㊽㊿乾隆《南昌县志》卷69《艺文·诗下》。

㊾《南昌诗征》卷5《七言绝句·江城杂咏(五首之四)》。

㉝㊾民国《重修南昌湖心观音亭志》,《江西同德善堂呈请官厅保存湖心亭古迹给示立碑公文》。

㊼民国刊六修《南昌县志》卷58《古迹中》。

南昌杏花楼诗选注

坐落在今南昌市中心南湖北滨的杏花楼，是一处风景秀丽的名胜古迹，2006年被定为江西省省级文物保护单位。它最早起源于唐代后期的「湖心亭」，不久扩建为「湖心观音亭」，成为一座佛教寺院，此后历经沧桑，终被废弃。元末明初，原观音亭遗址处于当时的杏花村中，有人在村中辟一室号称『杏阴小隐』，成为一些学者隐居和做学问的地方。明武宗正德年间（1506—1521），湖心观音亭遗址东侧新筑了宁王朱宸濠妃子娄素珍的梳妆台。明神宗万历年间（1573—1620），娄妃梳妆台又被改建为内阁大学士张位的别墅杏花楼。明末清初，社会动荡，人心空虚，宗教盛行。清顺治年间（1644—1661）人们在杏花楼西侧建起了因是庵，清乾隆五十三年（1788）重修时改名『观音亭』。民国五年至七年（1916—1918年），南昌同德善堂募捐再修『湖心观音亭』，俗称『水观音亭』。1928年，邓范昭女士在杏花楼遗址创办私立陶英小学。1953年，杏花楼移交给江西省文物管理委员会为办公场所。『文化大革命』期间，水观音亭被毁。1983年至今，杏花楼成了南昌画院院址。杏花楼历史悠久，曾有不少历史文化名人在此活动，今特选其中部分名人的有关诗歌作品，加以详注笺释，以便藉此反映杏花楼历史文化之概貌。

春 游

娄 妃

春日并辔出芳郊,带得诗来马上敲。①
著意寻春春不见,东风吹上海棠梢。②

【本诗出处】[清]曾燠编辑:《江西诗征》卷58《名媛一·娄妃》。

【作者简介】娄妃(？—1519),名素珍,江西上饶人。理学家娄谅(1422—1491)的孙女,兵部郎中娄性(1440—1510)的长女,后嫁给明朝第四世宁王朱宸濠为妃。宸濠生性轻佻淫虐,但爱好文艺。他满怀政治野心,贪婪地聚敛刻剥,扩充兵力,企图伺机夺取帝位。娄妃为人贤明,能识大体,喜作诗文,工于书法。她常苦劝宸濠不要造反,宸濠不听。明武宗正德十四年(1519)六月十三日,宸濠起兵造反,七月二十六日败于新建樵舍。娄妃投赣江自尽。

【诗意说明】娄妃为人贤淑,又多才多艺,故而受到宁王朱宸濠的眷爱,两人经常相互作诗唱和。有一次,娄妃与宸濠一起去南昌效外春游。他们一边观景,一边作诗,欣赏着大好春光,娄妃作了这首《春游》诗。诗中并未具体描绘春天景色,只以"东风吹上海棠梢"一句,就写出了春天的感觉。而综观全诗,却显出了浓浓的春意:和风吹拂,鲜花盛开,骑马芳郊,寻诗觅句,心情十分轻松。后代学者评论此诗,认为颇有意境,风秀可诵。

【文辞注释】①并辔:两人骑马并行。 敲:指作诗时推敲字句。唐代诗人贾岛有一天骑在驴上作诗,吟得"鸟宿池中树,僧敲月下门"之句。他开始时欲用"推"字,后又想用"敲"字,再三斟酌,未能决定,便在驴上作"推"的手势,又作"敲"的手势,一路前行。观者感到奇怪,贾岛专心思考,浑然不觉。这时,正逢权京尹韩愈骑马经过,从吏开道,再三喝令贾岛让路,贾岛仍不断地作着推、敲手势。于是,吏人将贾岛拉下驴,押到韩愈面前,贾岛这才从沉思中惊醒。韩愈责问贾岛,贾岛讲明原因,并说:"偶得一联,吟安一字未定,神游诗府,致冲大官,非敢取尤,希垂至鉴。"韩愈立马想了很久,对贾岛说:"作敲字佳矣。"后人因以"推敲"指斟酌字句,也泛指对事情的反复考虑。　②著意:有意。　东风:指春风。《礼记·月令》:"(孟春之月)东风解冻,蛰虫始振,鱼上冰。"

题《樵人图》

娄 妃

妇唤夫兮夫转听,采樵须是担头轻。①
昨宵雨过苍苔滑,莫向苍苔险处行。②

【本诗出处】《江西诗征》卷58《名媛一·娄妃》。

【作者简介】见前。

【诗意说明】宁王朱宸濠即将起兵造反,娄妃含泪劝阻,宸濠不听。有一天,宸濠拿来一幅《樵人图》,要娄妃题诗。娄妃见画中一个樵夫临行正在回头与妻子说话,便灵机一动,写了一首《题〈樵人图〉》的诗。她在诗中借题发挥,以樵妇隐喻自己,以樵夫比作宸濠,规劝宸濠行事必须谨慎,不要冒险造反,以免累及身家性命。宸濠不听。这是一首政治隐喻诗,比喻十分巧妙。

【文辞注释】①妇:樵夫的妻子。娄妃暗指自己。 夫:娄妃以樵夫影射宸濠。 采樵:即砍柴。 ②昨宵:昨夜。

早 行

娄 妃

金鸡未报五更晓,宝马先嘶十里风。①

欲借三杯壮行色,酒家犹在梦魂中。②

【本诗出处】《江西诗征》卷58《名媛一·娄妃》。

【作者简介】见前。

【诗意说明】明武宗正德十四年(1519)六月十三日,宸濠举兵造反,杀死都御史孙燧、按察副使许逵,自称皇帝,改元顺德,并准备亲率大军出发,然后沿赣江北上,经鄱阳湖进入长江,欲夺取明朝政权。娄妃多次苦劝宸濠不要造反,均未奏效。这时,娄妃欲做最后一次努力,作《早行》诗隐含规劝。娄妃在诗中告诫宸濠:起兵造反,不合时机,也不会得到民众的响应,前途阴暗。这也是一首政治隐喻诗,含义极深。

【文辞注释】①金鸡:雄鸡。 五更晓:早晨天亮。 ②三杯:指三杯酒。 梦魂中:指熟睡。此处比喻百姓不觉悟、不响应。

题西江绝壁

娄 妃

画虎屠龙叹旧图,血书才了凤睛枯。①
迄今十丈鄱湖水,流尽当年泪点无。②

【本诗出处】[清]张凤翥:《镜真山房诗钞》卷1《豫章怀古·娄妃妆台》。

【作者简介】见前。

【诗意说明】明武宗正德十四年(1519)六月十三日宸濠起兵造反后,率叛军入长江东进,在攻打安庆未下之时,惊闻提督南赣右佥都御史王守仁等已统率官兵攻占南昌,便回师准备争夺南昌。七月二十四日,叛军至赣江黄家渡(在今江西省新建与南昌之间的赣江渡口)与官兵相遇,战败,退保八字脑。二十五日,再战,宸濠又败,退至樵舍(在今江西省新建县境内)。这时,娄妃见宸濠败亡在即,便决定投赣江自杀。娄妃临死前,经过黄家渡到樵舍中途的西江(在今南昌县境内),在江边石壁上写下了《题西江绝壁》这首绝命诗。娄妃在诗中感叹以前多次流泪劝阻宸濠造反的无效,而今天题完了绝命诗,眼泪已经哭干,面对眼前浩瀚的鄱阳湖水,自己再也流不出眼泪,悲痛绝望的心情表现得淋漓尽致。

【文辞注释】①画虎:"画虎不成反类犬"的缩语,形容成事之难。 屠龙:指高超而无用的技艺。 旧图:昔日的意图,指过去娄妃欲劝宸濠不要造反的愿望。 血书:指娄妃的《题西江绝壁》

诗。　才了:刚完成。　凤睛:指小眼角向上挑的眼睛,常用作对女子眼睛的美称。　枯:干涸。　②迄今：犹眼前。　十丈鄱湖水:形容鄱阳湖水之大而深。　当年:指以往娄妃流泪劝阻宸濠造反的时候。

咏 梅

翠 妃

绣针刺破纸糊窗,引透寒梅一线香。①
蝼蚁也知春色好,倒拖花片上东墙。②

【本诗出处】《江西诗征》卷 58《名媛一·翠妃》。

【作者简介】翠妃,姓名不详,为明朝第四世宁王朱宸濠的妃子之一。因居绿英宫,饰绿翠,故被称为翠妃。她能诗善书,受宸濠宠幸,两人经常一起出游。明武宗正德十四年(1519)七月,宸濠造反失败,她被一知县掠去,不知所终。

【诗意说明】此诗前两句,以梅香从窗纸的破洞透入室内,来表述梅花幽雅馥郁的特性。此诗后两句,以蝼蚁也喜爱花瓣来反映梅花和春色的美好。作者不用华美的辞藻来直接描绘梅花,而以纸窗透香、蝼蚁衔花的委婉手法,既歌颂了梅花和春天,同时也写出了宫妃闲适的心态和宁静的生活环境。此诗捕捉灵感的角度颇为新颖,语言也较朴素流畅、通俗可读。

【文辞注释】①一线香:一缕香气,形容梅花香气的幽雅和馥郁。 ②蝼蚁:蝼蛄和蚂蚁。诗中似单指蚂蚁。 花片:飘落在地上的梅花花瓣。

春日寄恨

翠妃

玉砌雕阑忆梦中,妆成面面有东风。①
桃花生恨随流水,一到人间更不红。②

【本诗出处】《江西诗征》卷58《名媛一·翠妃》。

【作者简介】见前。

【诗意说明】此诗前两句写桃花盛开时的优越处境和得意心情:种植在豪华的栏杆中,开着鲜艳灿烂的花朵,真可说是满面春风。后两句写桃花凋谢后的悲惨遭遇和怨恨情绪:无可奈何花落去,流入沟渠成污泥,好景不再,往事只能成追忆。这种强烈的对比,写出了桃花前盛后衰的命运。此诗疑是一首隐喻诗,写一女子青春美丽时的荣华富贵和年老色衰后的贫贱困顿。作者翠妃曾为宁王宸濠宠妃,宁王造反败亡后,她被一知县掠去,不知所终。诗中是否隐喻着作者的身世及其结局,不得而知。此诗结构凝练,短短四句即道出了桃花先荣后衰的命运,读后不禁使人产生人生桑沧之感。

【文辞注释】①玉砌雕阑:用汉白石砌成并雕有花纹的栏杆。东风:春风。"妆成面面有东风",形容春风得意之情状,诗中用来描写桃花盛开时的鲜艳灿烂。 ②桃花生恨:指桃花凋谢后的枯萎状态。 更:相当于"再""复"。

自题《落霞孤鹜图》

唐 寅

画栋珠帘烟水中,落霞孤鹜渺无踪。①

千年想见王南海,曾借龙王一阵风。②

【本诗出处】王咨臣等主编《滕王阁诗文广存》,文化艺术出版社1990年版。

【作者简介】唐寅(1470—1523),明代著名画家,字伯虎,又字子畏,号六如。吴县(今江苏苏州)人。生性狂放,对科举考试不感兴趣。后因受好友祝允明规劝,才闭门读书。明孝宗弘治十一年(1498)考中乡试第一名,人称"唐解元"。次年参加会试,因主事官程敏政泄题之事受到牵连,含冤下狱。后被谪为小吏,他耻而不就,回家后行为更加放浪不羁。明武宗正德十四年(1519)初,接受宁王朱宸濠的厚礼聘请,去南昌宁王府教娄妃画画。半年后,因察见宸濠多有不法行为,知其有密谋造反夺取皇位的企图,为避免卷入这种危险的政治旋涡,他假装发疯。宸濠以为他只是一个狂生,便放他回家。他回苏州后,筑室桃花坞,每日与友人饮酒其中。不久,宸濠兵败身亡,他得以幸免。唐寅的诗文,初尚才情,晚年颓然自放。明世宗嘉靖二年(1523)去世,享年五十四。有《唐伯虎汇集》《唐寅画册》等传世。

【诗意说明】明武宗正德十四年(1519)上半年,唐寅应聘在南昌宁王府教娄妃画画期间,曾去滕王阁游览,乘兴画了一幅《落霞孤鹜图》，并在画上题了此诗。诗中，唐寅写到了画栋珠帘壮丽华美的滕王阁，也写到了阁外天水一色的美好风光，并由此想起了作《滕王阁序》的唐代诗人王勃，想起了龙王以顺风推舟送王勃来南昌的神话故事。诗中有景有情，触景生情，使读者既有空间感，又有时间感，给人以无限遐想。这是一首写景诗，也是一首怀古诗。尤其是诗画相配，堪称艺术佳作。

【文辞注释】①画栋珠帘：指滕王阁中彩绘的栋梁和以珠翠装饰的帘幕。王勃《滕王阁诗》中有"画栋朝飞南浦云，朱帘暮卷西山雨"之句。　烟水：指赣江中天水一色，茫茫一片。　落霞：太阳落山时的红色云霞。　鹜：野鸭子。王勃《滕王阁序》中，有"落霞与孤鹜齐飞，秋水共长天一色"之句。　②千年：明武宗正德十四年（1519）唐寅画《落霞孤鹜图》时，离唐高宗上元二年（675）王勃（650—676）作《滕王阁序》将近千年，其实只有844年，诗人作诗常常只算约数。　王南海：指王勃。当年王勃因去交趾（在今越南境内）看望父亲，途经南昌，为作《滕王阁序》，后在渡南海时溺水受惊而死，故唐寅称他为"王南海"。　曾借龙王一阵风：王勃，绛州龙门（今山西河津）人。因南下交趾省亲，舟行至长江马当（在今江西省彭泽县境内），离南昌尚有七百里之遥。梦见龙王对他说："助你一帆风顺。"次日清晨，王勃的座船快速抵达南昌，使他赶上了滕王阁的盛宴，王勃写了《滕王阁序》这篇不朽的美文。这显然是一个神话传说，是为了渲染《滕王阁序》的神奇。

题《张灵行乞图》①

崔莹

才子风流第一人,愿随行乞乐清贫。②
入宫只恐无红叶,临别题诗当会真。③

【本诗出处】[清]朱棪纂:《江城旧事》卷10《十美图》。

【作者简介】崔莹,又名素琼。南昌人。明武宗正德年间(1506—1521)女子,才貌双全。曾因母丧,其父明经崔文博辞官扶柩回家。她随父乘舟途经苏州虎丘,得识当地才子张灵。两人一见钟情,心心相印。正德十四年(1519)初,宁王朱宸濠欲选十美女进贡给皇帝。崔莹刚回南昌,即被强选为十美之首。张灵闻讯,悲伤欲绝,投虎丘剑池伤重而死。后来,宸濠造反失败,崔莹被遣送回家。她得知张灵已死,便亲去苏州张灵墓前祭吊,拜哭甚哀,然后自经于墓台畔。张灵生前好友唐寅为两人合葬。苏州全城士女闻之感叹,无分贵贱贤愚争来吊谏,哀声动地。

【诗意说明】张灵,字梦晋,明正德时吴县(今江苏苏州)人。貌俊才高,工诗善画,生性风流豪放。幼年聪慧,应童子试获第一名。虽家贫,但不愿参加科举考试。与书画家唐寅、祝允明为友,常在一起纵酒吟诗。一天,唐寅与祝允明在虎丘宴饮,张灵化装成乞丐前去索酒。唐寅乃绘《张灵行乞图》,由祝允明题跋。当时,南昌人崔文博乘舟返乡经过虎丘,向唐寅讨得此图。张灵见舟中崔文博之女崔莹,甚为爱慕,遂登舟长跪求爱。崔莹移舟躲避,其父以图示之,方知行乞者乃才子张灵,心喜,便藏图返回南昌。正德十四年(1519)初,唐寅受宁王宸濠之聘,将去南昌,张灵托他代为寻访崔莹。这时,宸濠强选崔莹为十美女之首,将贡献给皇帝,并请唐寅画《十美图》。唐寅不知十美之首即崔莹。崔莹痛哭入宫,临行,在《张灵行乞图》上题诗一首,托其父转致张灵,以表痴情。唐寅知宸濠将造反,佯狂脱身回到苏州,把崔莹题诗的《行乞图》交给张灵。张灵悲痛而死,唐寅以崔莹画像为之殉葬。宸濠败亡,崔莹被放归。这时,崔文博已亡故,崔莹便去苏州祭吊张灵,悬挂《行乞图》于墓前,一边痛哭,一边诵读张灵生前诗作,反复不休,最后自经于墓畔。唐寅为两人合葬,并将张灵诗草及崔莹题诗之《行乞图》放入棺中。然后树立墓碑,上题"明才子张梦晋佳人崔素琼合葬之墓"十五字。崔莹《题〈张灵行乞图〉》一诗充分表现了她那不嫌清贫忠于爱情的可贵思想品质,令人感动,更使人敬重。此诗感情强烈,行文简洁,用典贴切,实为崔莹发自内心真情的血泪之作!

【文辞注释】①题《张灵行乞图》:此诗及其故事载于清朱栾纂《江城旧事》卷十《十美图》。原诗无题,诗题为编者所拟。 ②第一人:作者认为张灵是天下第一才子。 愿随行乞:崔莹忠于爱情,表示不嫌张灵清贫,愿跟随他当乞丐。 ③红叶:作者借用红叶题诗的故事来表达对张灵的爱情。"红叶题诗"为托物传情之典。唐代红叶题诗、结成良缘的故事较多,情节略同而人事各异。如,唐玄宗时,顾况在苑中流水上得一大梧叶,见上有题诗云:"一入深宫里,年年不见春。聊题一片叶,寄与有情人。"顾况也在叶上题诗和之。此故事见于唐人孟棨《本事诗》。又如,唐宣宗时,舍人卢渥偶临御沟,得一红叶,上有绝句一首:"流水何太急,深宫尽日闲。殷勤谢红叶,好去到人间。"卢渥收藏于箱中。后来宫中放出宫女,让她们选择配偶,不意嫁给卢渥者竟是题红叶之人。此故事载于唐人范摅《云溪友议》卷十。 会真:会,相成,调配。"会真",指实现婚配;有时也指情人幽会,如《西厢记》写张生与情人崔莺莺幽会,也称《会真记》。

咏娄妃手写《黄庭经》①

熊文登

谁问当年玉镜坊,野人锄尽故宫墙。②
牙签不共金钿蚀,飘落人间翰墨香。③

结纸沉江事可哀,断缣那计委烟埃。④
谁知小帙关残劫,曾自颅山血海来。⑤

贤妃贞烈久弥彰,珍重经函施佛场。⑥
不比蜀中荒寺里,玉环刺血写金刚。⑦

博士才华旧绝伦,峄山碑版搨摹真。⑧
但愁卷尾双钩笔,难仿簪花格样新。⑨

【本诗出处】《江城旧事》卷16《娄妃写〈黄庭经〉》。

【作者简介】熊文登,字于岸。江西新建人。明毅宗崇祯(1628—1644年在位)时,举乡贡,授建昌县(今江西永修)教谕。力学好古,工书法,善写篆字、隶字。晚年潜修,不入城市,自号松风土人。著有《字辨》诸集。

【诗意说明】据清朱棪纂《江城旧事》卷十六记载:"宁庶人(指宸濠被废除王位后的称呼)妃娄氏精书翰,有人得其手写《黄庭经》,失其下函。熊文登(于岸)学博,以隶书续成之,施于佑清寺(今南昌市佑民寺)中,因作诗以纪其事。"第一首诗,写娄妃手书小楷《黄庭经》的发现,娄妃虽然死了,但她的优秀书法艺术却将永留人间。第二首诗,写娄妃劝阻宁王朱宸濠造反不成投江自尽的贞烈事迹。第三首诗,写后人为表彰娄妃的贞节,将其书法施舍给佑清寺以便广传民间,与唐代杨贵妃因荒淫败国欲写《金刚经》为玄宗祈福,有本质的不同。第四首诗,写本诗作者虽有高超的书法技巧,但终于难以摹写出娄妃具有创新风格的书法艺术。作者用诗的语言,评价了娄妃手书小楷的艺术价值和历史价值。此诗看似一首叙事诗,但作者寓抒情于叙事之中,读后既有历史沧桑之感,又可加深对娄妃事迹及其书法艺术的认识。

【文辞注释】①此诗系熊文登在清代初期所写,共四首。原诗无题,诗题系编者所拟。　黄庭经:道教的经典著作,有时也指东晋王羲之书写的《黄庭经》法帖。　②玉镜坊:确切地址无考,疑指娄妃在南昌南湖的梳妆台。　野人:指平民百姓。　故宫墙:指原宁王府的宫墙。　③牙签:系在古书封套上的象牙或骨制的扣签。金钿:嵌有金花的女人首饰。　蚀:腐蚀。　翰墨:笔墨,此处指娄妃手书的小楷《黄庭经》。　④结纸沉江:指娄妃投赣江自杀前周身用绵纸绳内扎,以防死后遭人污辱。　断缣:残缺不全的书画。此处指娄妃手书《黄庭经》上函。　那计:怎会计较。　委:丢弃。⑤小帙:小书。此处指娄妃手书《黄庭经》。　颅山血海:头颅的山、鲜血的海。此处指王守仁讨伐宸濠的战争现场,杀人如麻,血流成海。　⑥贤妃:指娄妃。　弥彰:彰明昭著,即尽人皆知。　经函:

指娄妃手书《黄庭经》上函及熊文登补写的下函。　佛场:指佑清寺,即今南昌市八一公园对面的佑民寺。佑民寺,始建于南朝梁武帝天监年间(502—519),先后修复、重建七次。此寺始建时初名上兰寺,梁武帝太清初(547)改名为大佛寺,唐玄宗开元年间(713—741)改开元寺,唐宣宗大中年间(847—860)改上兰院,宋真宗咸平年间(998—1003)改承天寺,宋徽宗政和年间(1111—1118)改能仁寺,明代宗景泰年间(1450—1456)改永宁寺,清世祖顺治年间(1644—1661)改佑清寺,民国十八年(1929)定名佑民寺。佑民寺殿宇雄伟,后殿有巨型铜佛,为江西省著名古代寺院。　⑦蜀:今四川。　玉环:即唐朝的杨贵妃。杨贵妃(716—756),小字玉环。蒲州永乐(今山西芮城西南)人。通晓音律。始为玄宗之子寿王李瑁妃,后召入宫中,深得玄宗宠爱。天宝四年(745)被册封为贵妃,其堂兄杨国忠升任宰相,三姊分别封为韩国、虢国、秦国夫人,操纵朝政,恩宠声焰震天下,使唐玄宗得以醉心于享乐之中。天宝十四年(755),安禄山以"清君侧"诛杨国忠为借口,发动叛乱。玄宗逃往四川,至马嵬驿(今陕西兴平西),士兵不肯前行,杀杨国忠。禁军将领陈玄礼等请杀杨贵妃,玄宗无奈,命将她缢死于佛堂。　金刚经:指佛教经典《金刚经》。该诗原注:"有人之蜀,入一僧寺,得小幅朱书《金刚经》,字画劲楷可观,末云'玉环刺血为皇帝书'。(事见《夷坚志》。)"　⑧博士:作者熊文登对自己的戏称。　峄山碑:秦碑名。峄山碑,秦始皇二十八年(前219),始皇巡行登峄山(在今山东邹县东南,一名邹山)时所刻,赞颂秦的功德,后有秦二世诏辞,相传为李斯篆书。原石刻已佚,今峄山虽无此碑,但有碑帖流传于世。　⑨卷尾：指熊文登以隶书为残缺的娄妃手书《黄庭经》补写的下函。　双钩：书法术语，是书写毛笔字的一种执笔方法。此处指熊文登的隶字书写技法。黄庭坚在《论书》中说："用笔之法，欲双钩回腕，掌虚指实，以无名指倚笔，则有力。"又说："凡学字时，先当双钩，用两指相叠蹙笔压无名指，高提笔，令腕随己意左右。"　簪花格：古代书体的一种。南朝梁袁昂《古今书评》中说："卫恒书如插花美女，舞笑镜台。"后人称书法娟秀工整者为"簪花格"。此处指娄妃创新的一种簪花格书体。

过宸濠故宫吊娄妃

李 绂

女智莫如妇,吾尝闻斯言。①
不用妇言败,宸濠毋乃颠。②
听言及刍荛,况乃妃匹贤。③
战败悔心出,无端为祸先。④
有来告妇烈,若杵投深渊。⑤
拱手谢虔抚,先生勿弃捐。⑥
是尝苦口谏,规瑱吾之愆。⑦
吾闻娄一斋,理学承薪传。⑧
贤淑见诸孙,大节光逆藩。⑨
阳明昔志道,娄公启先鞭。⑩
于妃宜敬恭,世讲明渊源。⑪
髹楂葬以礼,彼昏徒拳拳。⑫
宁封自太祖,献王尤光前。⑬
至濠忽然没,人也匪由天。⑭
分胙失茅土,窈窕郁黄泉。⑮
遗宫作官廨,草茂寒秋烟。⑯
炯戒千万年,忠孝宜弗谖。⑰

【本诗出处】清乾隆《南昌县志》卷68《艺文·诗上》。

【作者简介】李绂(1673—1750),字巨来。江西临川人。清圣祖康熙四十八年(1709)进士,授编修,累迁侍讲学士。康熙五十九年(1720)升内阁学士。历官左副都御史、吏部侍郎、兵部侍郎。清世宗雍正二年(1724)授广西巡抚,曾核查前广西巡抚陈元龙等贪污银八十二万两积案。不久任直隶总督。雍正四年(1726)被河南巡抚田文镜所劾,后又以庇护私党议罪二十一条当斩。在刀搁颈时,雍正帝问他:"此时知田文镜好否?"他答道:"臣虽死,不知田文镜好处。"后免死,命纂修《八旗通志》。他在狱时,每日读书、吃饱、熟睡,人叹为铁汉。清高宗乾隆元年(1736)起用管户部三库,任户部侍郎,不久降为詹事。乾隆二年(1737)以病致仕。乾隆十五年(1750)去世。他平日倡行理学,力图调和朱熹、陆九渊学说。与儒士学者交往密切。其学说原本陆九渊。他博闻强记,下笔千言。论者认为他能集江西诸先正之长。著有《穆堂类稿》《春秋一是》《陆子学谱》《朱子晚年全论》《阳明学录》等。

【诗意说明】这是李绂记述娄妃事迹和评价其节操的叙事诗和说理诗。诗中对娄妃劝阻宸濠造反无效投江自尽的贞烈行为给予高度赞扬,对宸濠无端造反最后败亡失去王位进行无情谴责,并希望后人从中吸取教训。诗中多处提及娄一斋、王阳明等理学家,并宣扬理学的封建正统观念,反映了作者本身作为一名理学家的思想本色。此诗风格虽较平淡,但其边叙边议,也夹有抒情,节奏整齐,尚可一读。

【文辞注释】①妇:指娄妃。　斯言:此言。　②妇言:指娄妃劝宸濠不要造反的话。　毋乃:岂非。　颠:疯癫。　③听言:听取意见。　刍荛:割草砍柴的人,后多借指草野之人、平民百姓,或指浅陋的见解。　匹贤:可与贤人相匹配,即相当于贤人。　④战败:指宸濠战败被俘。　悔心出:指宸濠战败被俘后,懊悔当初不听娄妃的劝阻。　无端:谓无故肆虐为害,犹行为不端。　⑤烈:指贞烈。　若杵投深渊:形容娄妃投赣江自杀。　⑥虔抚:指王守仁。王守仁以提督南赣右佥都御史身份统兵讨伐宸濠之乱,而赣州在唐代时曾称虔州,故称王守仁为"虔抚"。　谢:告知。　先生:指王守仁。人称王守仁为阳明先生。　弃捐:抛弃。　⑦是:此,指娄妃。　苦口谏:指娄妃曾流泪苦劝宸濠不要造反。　规瑱:规,劝谏;瑱,用于塞耳的玉器。后世因以"规瑱"比喻进谏。　愆:罪过。　⑧娄一斋:即娄妃的祖父娄谅。娄谅,字克贞,号一斋,是明代著名理学家。　薪传:"薪尽火传"的省语,意思是说,前柴烧尽,后柴继续,前后相继,使火不灭。后用"薪传"比喻师生传授,使学问一代一代地流传下去。　⑨诸:之乎。　孙:孙辈。娄妃是娄一斋的孙女。　逆藩:指造反的宁王朱宸濠。　阳明:即王守仁,学者称他为阳明先生。　⑩志道:有志于道学,道学即理学。　娄公:指娄一斋。　先鞭:先行,占先。王守仁早年曾受业于娄一斋。　⑪明:明了,弄明白。　⑫髹椟:髹,赤黑色的漆,或指漆;椟,小棺材。"髹椟",即涂红黑色油漆的棺材。　拳拳:诚挚貌。　⑬宁:指宁王。　太祖:指明太祖朱元璋。　献王:指第一代宁献王朱权。　⑭匪:非,不。　⑮分胙:祭祀完毕分享祭神的肉。　茅土:指王、侯的封爵。古代天子封王、侯时,用代表方位的五色土筑坛,按封地的方位取一色土,包以白茅而授,作为受封者得以有国建社的表征。"失茅土",即失去王位。　窈窕:即窈窕淑女,此处指娄妃。　郁:忧愁、气愤等积聚在心中不得发泄。　黄泉:指人死后埋葬的地方;阴间。"郁黄泉",即死不瞑目。　⑯遗宫:宸濠败亡后的宁王府。　官廨:官署,即官府衙门。宸濠失败被俘后,在押往北京途中,被诛于通州,尸体被焚烧。原南昌宁王府改成为江西布政使署,直到清末,解放后曾一度为南昌市人民政府所在地。　⑰炯:明显的鉴戒或警戒。　谖:忘记。

题娄妃墓图(四首)

蒋士铨

水际埋香太等闲,匆匆何处卜青山?①
玉鱼金碗无人见,只有秋江似珮环。②

断碣消沉劫后灰,已无华表鹤归来。③
柴关土锉人稀到,消受官厨酒一杯。④

聚米量沙计已空,唱筹声合院西东。⑤
江城岂是无闲土?豚栅鸡栖据此中!⑥

遗丘画就免传讹,艺院应摹陆法和。⑦
不许碑阴牛砺角,词人经此定摩挲。⑧

【本诗出处】蒋士铨撰、徐海清校、李梦生笺:《忠雅堂集校笺》,《忠雅堂诗集》卷4,上海古籍出版社1993年版。

【作者简介】蒋士铨(1725—1785),字心余,又字苕生,号清容,又号藏园。清代江西铅山人。其父入赘于南昌钟氏,后往游楚、晋,士铨幼年曾随父远游。清高宗乾隆十九年(1754)由举人官中书。乾隆二十二年(1757)中进士,授庶吉士,转翰林院编修。历官武英殿《文献通考》馆纂修、顺天(治今北京市)乡试同考官,又记名用为御史。他与南昌彭元瑞被乾隆皇帝称为"江西两名士"。后因不合于朝,奉母家居,在南昌进贤门外构筑藏园。曾主讲绍兴蕺山书院、扬州安定书院。又在金陵(今江苏南京)建鸿雪楼。他长于七言诗,尤工词曲,善作戏剧,与袁枚、赵翼齐名,被称为"江右三大家"。晚年得风痹疾(中风),归南昌后去世。著作丰富,有《藏园九种曲》《忠雅堂诗文集》等传世。

【诗意说明】清高宗乾隆十六年(1751)三月,蒋士铨应聘来修《南昌县志》,得知娄妃墓在南昌城德胜门外隆兴观侧(今南昌市八一大桥西侧沿江北路华光庙8号门前),已荒芜不堪,便请求江西布政使彭家屏为娄妃修墓。彭家屏克服种种困难,筹款买地,重修娄妃墓,并新立了墓碑。蒋士铨为表彰娄妃的贞烈,表达百姓对她的怀念之情,特编《一片石》杂剧,剧中娄妃以神女形象出现。乾隆二十年(1755),蒋士铨还自绘娄妃墓图,并作《题娄妃墓图》诗四首,以记当年发现和重修娄妃墓的情况。第一首诗,作者感叹埋葬娄妃过分草率,坟墓也太简陋,并无王室应有的殉葬品。于是,他发挥浪漫主义的想象力,把秋天明丽的赣江看作为娄妃殉葬的玉珮。第二首诗,作者描写了娄妃墓萧条凄凉的景象;历经沧桑,坟墓湮没在穷人家的灶屋间,墓碑也已残断倾圮,人迹罕到,娄妃魂去不归,只有自己借官厨杯酒前来祭吊。第三首诗,作者记录了当年请彭家屏重修娄妃墓的困难经历:为改变娄妃墓湮没在贫家猪栅鸡舍之间的状况,彭家屏等人虽竭尽心力多方策划,但筹款买地仍不顺利。这不禁使作者发出慨叹:诺大的南昌城,竟找不到一块修建娄妃墓的空地!第四首诗,作者在修墓完工后,自绘了墓图,希望人人爱护此墓,以便后人凭吊和文人们来此抒发诗兴。在这四首诗中,处处表现出蒋士铨对娄妃的崇拜和仰慕,感情十分真挚。

【文辞注释】①水际:指赣江之滨。 埋香:指埋葬娄妃。 青山:青葱的山岭,多指适于筑墓的风水宝地,如杭州西湖岳飞墓前曾有一联:"青山有幸埋忠骨,白铁无辜铸佞人(指墓前秦桧、王氏夫妇及张俊、万俟卨四个奸臣的铁铸跪像)。" ②玉鱼:美玉雕成的鱼形佩饰。在古代,玉鱼常为王室专有之物,或以玉鱼为王室的殉葬品,后世因以玉鱼为殉葬品。唐杜甫在《诸将》诗中有句云:"昨日玉鱼蒙葬地,早时金碗出人间。" 金碗:又作金鋺、金椀、金盌,是金制的碗,因其贵重,常用作殉葬之物。 秋江:指秋天的赣江。 珮环:玉珮,古人佩带的玉制饰品。 ③断碣:断碑,指残断的娄妃墓碑。 华表鹤归来:华表,是指古代设在桥梁、宫殿、城垣或陵墓等前兼作装饰用的巨大柱子,设在陵墓前的又称"墓表",一般为石造,柱身往往雕有纹饰。晋陶潜《搜神后记》卷一载:"丁令威,本辽东人,学道于灵虚山,后化鹤归辽,集城门华表柱。时有少年,举弓欲射之,鹤乃飞,徘徊空中而言曰:'有鸟有鸟丁令威,去家千年今始归。城郭如故人民非,何不学仙冢累累。'遂高上冲天。"后世因以"华表鹤"指久别之人。"已无华表鹤归来",是说坟墓如此残破,娄妃魂去不归。 ④柴关:柴门,指粗陋的门。 土锉:炊具,指穷人家用的砂锅。"柴关土锉"指穷人之家。 官厨:官府的厨房。 ⑤聚米:《后汉书·马援传》载:"援因说隗嚣将帅有土崩之势,兵进有必破之状。又于帝前聚米为山谷,指画形势,开示众军所从道径往来,分析曲折,昭然可晓。"后人因以"聚米"比喻指画形势,运筹决策。　量沙：《南史·檀道济传》载："道济时与魏军三十余战多捷，军至历城，以资运竭乃还。时人降魏者具说粮食已竭，于是军士忧惧，莫有固志。道济夜唱筹量沙，以所余米散其上。及旦，魏军谓资粮有余，故不复追，以降者妄，斩以徇。"后人因以"量沙"为安定军心、迷惑敌人的典故。"聚米量沙"均指运筹策划。　唱筹：呼报数码。　⑥江城：指南昌。因南昌城紧靠赣江，故而人称"江城"。豚栅鸡栖：猪栏鸡舍。　⑦遗丘：指娄妃墓。　讹：差错。　艺院：犹艺苑，泛指文艺界。　摹：仿效。　陆法和：据《北齐书》卷三十二《陆法和传》载：陆法和，南北朝时人，有道术，能预知未来之事，隐居于江陵百里洲。梁朝叛将侯景派任约进攻梁湘东王于江陵，陆法和率蛮兵击败并活捉任约，梁元帝封他为都督郢州刺史。他有部曲数千人，通称弟子，惟以道术教化。梁元帝败灭，陆法和举州入北齐，北齐文宣帝封他为大都督。他曾无病而预告弟子自己的死日，结果真的如期而终。尸体缩小只有三尺，后开棺察看，惟见空棺而已。陆法和曾为人绘画墓图以避祸求福。他还劝人不要系马于碓。有人忘了陆法和的警告，系马于碓旁柱子上，马即死。蒋士铨希望有像陆法和这样有道术的能人，来保护娄妃墓，以防被人破坏。

⑧碑阴：石碑的背面。　砺：磨。　词人：指骚、赋作者或诗人、填词的人，这里泛指擅长文辞的文学家。　摩挲：抚摸。

娄妃墓

蒋士铨

贤妇言多苦,樵人不肯听。①

遗丘一抔在,秋草几回青。②

吊古心原共,寻诗骑偶停。③

水仙旆猎猎,日暮自扬灵。④

【本诗出处】《忠雅堂集校笺》,《忠雅堂诗集》卷26。

【作者简介】见前。

【诗意说明】蒋士铨对娄妃墓总是念念不忘。清高宗乾隆四十八年(1783),他在南昌又去祭吊娄妃,并写下了《娄妃墓》一诗。他在诗中回顾了当年娄妃劝阻宸濠造反不成的历史悲剧,称娄妃为"水仙",并认为娄妃虽死,岁月流逝,而其英灵犹在,精神不灭。此诗寓情于景,古今交融,并发挥了浪漫主义的想象力,语言也隽秀可读。

【文辞注释】①贤妇:指娄妃。 言多苦:指娄妃曾多次流泪苦劝宸濠不要造反。 樵人:指宸濠。参看娄妃《题樵人图》诗注。 ②遗丘:指娄妃墓。 一抔:指一堆坟土。 秋草几回青:形容时间流逝,岁月不断更替。 ③吊古:祭吊古代贤人。 ④水仙:古人常称水葬者为"水仙"。如,北齐刘昼《新论·风俗》载:"胡之北有射姑之国,其亲死,则弃尸于江中,谓之'水仙'。"又如,汉袁康《绝越书·德序外传纪》称:春秋战国时期,吴国的伍子胥死后被沉尸于江,楚国的屈原自投汨罗江死,后人传说成为"水仙"。蒋士铨认为娄妃是投江而死的前代贤人,故而也称她为"水仙"。　旂:同"旗",也泛指各种旗帜。诗中所谓的"水仙旂",实际上是指插在娄妃墓前用来招魂的纸幡,作者把它看作娄妃的旌旗。　猎猎:风吹纸幡发出的声响。　扬灵:显灵。作者把墓前纸幡迎风猎猎作响,看作娄妃显灵,认为娄妃虽死而其精神不灭。

娄妃妆台(豫章怀古十二首之十)①

张凤翙

宸濠往事已成尘,一片妆台迹尚新。②
太息桃花醒旧梦,那堪梨树对残春。③
青丝莫挽奸雄气,红粉终留激烈身。④
替想幽魂谁比洁,菱花镜里大江滨。⑤

【本诗出处】《镜真山房诗钞》卷1《豫章怀古·娄妃妆台》。

【作者简介】张凤翙(？—1869),字海峰,号铼渠。江西武宁北乡人。清代道光至同治间诗人。他八岁丧父,由于幼年颖异,在慈母和严师的教导督促下,致力于经籍,不几年即颇有文名,县试得第一。清宣宗道光五年(1825)补拔贡生,后赴京参加会试落第。为谋生,曾一度游历湖湘。清文宗咸丰五年(1855),太平军由赣入皖,经武宁,他曾参加地主团防,与太平军作战,溃败后逃入山中。次年,清朝湘军将领李续宾率部路过武宁,他被罗致在李续宾幕下。从此,他驱驰于两湖、皖、赣一带,镇压太平军。清穆宗同治八年(1869),他因奔走有功,被保举加按察衔,补芜湖兵备道。终因长期积劳成疾,不久病死在芜湖任所。他善作文,尤其长于律诗、古风。作诗数千首,经其亲自删定,只存原作十分之一二。在同治二年(1863)出版了《镜真山房诗钞》四卷、《镜真山房试帖》二卷。

【诗意说明】这是一首怀古诗,也是一首咏史诗。作者在看见娄妃梳妆台遗址时,联想到了宸濠之乱及娄妃尽节的那段历史。他既为娄妃劝阻宸濠造反无效而叹息,又对娄妃投江自尽的贞洁行为加以赞赏。此诗用语较为含蓄,有的句子具有双关含义。如"太息桃花醒旧梦,那堪梨树对残春"句,似写暮春景色,实写娄妃命运,耐人寻味。

【文辞注释】①娄妃妆台:即娄妃梳妆台,在南昌南湖北侧一小洲上。唐代在此初建"湖心观音亭",明武宗正德年间(1506—1521)在此建娄妃梳妆台,明神宗万历年间(1573—1620)改建为内阁大学士张位的别墅杏花楼。今为南昌画院所在地。 ②宸濠往事:指明武宗正德十四年(1519)宸濠造反之事。 ③太息:长叹。 桃花:古人以"桃花色"形容女子容颜,以"桃花薄命"形容红颜女子悲惨不幸的命运。此处"桃花"似为影射娄妃。 醒旧梦:指娄妃终于知道宸濠造反之不能劝阻。 那堪:不堪。 梨树对残春:指晚春梨花凋谢后的梨树。诗中暗喻娄妃已死而其妆台遗址却依然存在,令人不堪回首话当年。 ④青丝:女子的头发。此处暗指娄妃。 奸雄:指宸濠。 红粉:形容美女。诗中指娄妃。 ⑤洁:贞洁。 菱花镜:古代铜镜名,镜多为六角形或背面刻有菱花。"菱花镜里"暗指镜中人娄妃。 大江滨:指赣江之滨。诗中暗指在大江滨尽节的人,即娄妃。

登滕王阁(四首之四)

张 位

我亦江边结小楼,闲云偏为竹窗留。①
遥闻滕阁笙簧沸,更觉吾庐松竹幽。②
帝子遗风仍壮丽,群公暇日此夷犹。③
登临不忘君恩重,极目神州万里秋。④

【本诗出处】南昌市地方志编委会办公室编:《滕王阁志》第177页,江西人民出版社1993年版。

【作者简介】张位(1534—1608年以后?),字明成,号洪阳。江西新建人。明穆宗隆庆二年(1568)中进士,被选为翰林庶吉士,授编修,参与纂修《世宗实录》。明神宗万历五年(1577),因得罪内阁首辅张居正,由侍讲谪为南京国子监司业,又贬为徐州同知。万历十年(1582)张居正死,他逐步升为礼部右侍郎。不久,因病告归家居,潜心学问。万历十九年(1591),拜吏部左侍郎,兼东阁大学士,参与机务。万历二十年(1592),日本侵略朝鲜,他决策派兵抗日援朝,击败日军,日本被迫议和,愿与明朝建立封贡关系,他因而被升为礼部尚书文渊阁大学士。当时,神宗宠爱郑贵妃,欲立其子朱常洵为太子。万历二十二年(1594),张位奏准皇长子朱常洛出阁读书受教,他被封为太子太保。万历二十四年(1596),神宗派宦官到各省开矿,并设税使掠夺民财。张位屡谏停开矿和罢税使,神宗不听。万历二十五年(1597)初,日本背弃和约,再侵朝鲜。他力荐杨镐等率兵援朝,被晋升为少保吏部尚书兼武英殿大学士。同年六月,他奏请神宗"引咎颁赦,勤朝政,发奏章,躬郊庙,建皇储,录废弃,容狂直,宥细过,补缺官,减织造,停矿使,撤税监,释系囚",神宗不听。明军抗日援朝,大破日兵,最终迫使日本退兵求和。但杨镐在蔚山战役中曾一度失利。万历二十六年(1598)六月,杨镐丧师的消息传来,赞画主事丁应泰诬奏他因受贿而推荐杨镐,于是他被罢官家居。同年秋天,所谓"妖书"事发,书中影射郑贵妃有欲立己子朱常洵为太子之意,外戚郑承恩、御史赵之翰等又诬指他为炮制"妖书"的主谋,他被削职为民。他罢官后即回南昌杏花村隐居,常与友人汤显祖及其他众多知名学者、诗人在其别墅杏花楼、闲云馆等处聚会,切磋学问、吟诗作文、欣赏音乐,为推动家乡的学术文化事业的发展作出了贡献。他著作丰富,主要的有《闲云馆集钞》《丛桂山房汇编》《经筵讲义》《词林典故》《问奇集》《警心类编》《明心宝鉴》《周易参同契》《道德经注》《阴符经注》《发音录》《南纪略》《史职议》等等。

【诗意说明】 明神宗万历二十七年(1599)九月,南昌滕王阁举行重修落成典礼,张位应邀参加,并为之撰《新修滕王阁记》。后来,他还作《登滕王阁》诗四首,这里选的是其中第四首。张位在诗中抒发了自己建造闲云楼(又称闲云馆)的得意心情。他把巍峨壮丽的滕王阁与松竹幽窗的闲云楼做了对比,表示自己更热衷于隐逸生活。但是,滕王阁是现任官员及社会名流经常登临游览的地方,张位作为削职为民的罪臣,虽然也去滕王阁,然而他仍说登高不忘君恩,罢官闲居使他有了极目神州欣赏祖国大好河山的机会。

这既是一种自我解嘲,又充分体现了张位罢官后那种宁静致远和豁达坦然的心态。此诗意境闲适,视野宽阔,动静结合,感情真切,乐中带愁,怨而不露,给读者一种"雅"的感受。

【文辞注释】①江边:指赣江之滨。 小楼:指张位别墅闲云楼,又称闲云馆,在南昌城外章江门与德胜门之间、滕王阁右边,位置相当于今赣江南岸八一桥头附近。 ②滕阁:即滕王阁。滕王阁屹立在江西省南昌市西赣江之滨,面山临水,规模宏伟,雕栏画栋,华美壮观,名列江南三大名楼之首(另两楼为湖南的岳阳楼、湖北武昌的黄鹤楼)。始建于唐高宗永徽四年(653),因唐太宗之弟、唐高宗之叔、洪州都督、滕王李元婴而得名。唐高宗上元二年(675),诗人王勃南行省亲路过南昌,写下了脍炙人口的美文《滕王阁序》,使滕王阁更享盛名。滕王阁自创建以来,屡经兴废,先后修葺或重建达二十八次之多,1926年最终毁于北洋军阀邓如琢的兵火。1989年又得以重建,今为南昌市第一名胜游览之处。 笙簧沸:笙簧,泛指簧管类乐器,"笙簧沸",是形容乐声大作。 吾庐:张位指自己的别墅闲云楼。 ③帝子:指唐太宗之子李元婴。 群公:指前来登临滕王阁的地方官员及社会名流。 夷犹:从容自得。 ④神州:指中原大地,有时也指京都,或作为中国的别称。

章江寺

张 位

十里神皋控上游,五陵佳气郁葱浮。①

凤凰洲畔王孙草,鸥鹭沙边帝子楼。②

风散岚光乔岭出,雨添潮势大江流。③

名航利舶争来往,赢得闲人眺望收。④

【本诗出处】《滕王阁志》第177页。

【作者简介】见前。

【诗意说明】张位被削职为民后,曾往游南昌滕王阁附近的章江寺,写了《复兴章江寺记》和《章江寺》诗。《章江寺》这首诗貌似写景,实系抒情。诗中写了南昌的富庶:有高山大江,有肥沃的土地、发达的商业,有巍峨壮丽的滕王阁,有高门贵族的豪迈气概。最后一句笔锋一转,作者却说自己只是一个置身事外的闲人。他感到当时朝中官僚们忙于争权夺利的党派纠纷,自己被罢官为民后,倒是跳出了政治是非的旋涡,赢得了冷眼旁观的难得机会,从而表现出一种超脱名利的轻松心情。此诗气魄较大,作者登高望远,画出了一幅色彩鲜明的南昌城西部鸟瞰图,并从中透露出一种宰相的大度,使人读后也会感到胸怀坦荡。

【文辞注释】①神皋,肥沃的土地;有时也指神明所聚之地,或指京畿。 上游:指赣江上游。 五陵佳气:五陵,指西汉高祖、惠帝、景帝、武帝、昭帝的陵园,即长陵、安陵、阳陵、茂陵、平陵五陵,均在渭水北岸今陕西省咸阳市附近;有时也指唐代高祖、太宗、高宗、中宗、睿宗的陵园,均在长安(今陕西省西安市)附近。"五陵佳气"是指高门贵族的豪迈气概。因南昌曾是唐初滕王的驻地,又是明朝宁王的藩封之地,故张位说有"五陵佳气"。　②凤凰洲:在今南昌市赣江北岸,地处八一大桥与赣江大桥之间,扬子洲与其隔江东西相对,为赣江三洲之一。　王孙草:汉淮南小山《招隐士》云:"王孙游兮不归,春草生兮萋萋。"后人因以"王孙草"指牵人离愁的景色。此诗中只是泛指春草,即"芳草萋萋"之意。　帝子楼:指唐代皇子李元婴所建之滕王阁。　③岚光:指山岚,即山中白色的云雾。　乔岭:高山,此处指南昌西山。　大江:指赣江。　④名航利舶:指往来于南昌章江门码头的各种商船。诗中暗喻当时明朝官僚争名夺利的派系斗争。　闲人:张位指自己,因他当时正罢官闲居南昌。　眺望收:即极目远望,一切尽收眼底。诗中表示作者冷眼旁观,已看透了明朝官僚之间争名夺利斗争的本质。

江天阁①

张 位

万顷银河注斗牛,千年砥柱镇南州。②
双峰夹岸无他径,四望环山只此楼。③
极目西江秋水阔,遥瞻北阙暮江浮。④
凭栏讵是消忧处,莫羡烟波稳钓舟。⑤

【本诗出处】清同治《新建县志》卷 90《艺文·诗》。

【作者简介】见前。

【诗意说明】 江天阁在南昌扬子洲上。此诗是张位暮年时所作,既写景,也抒情,又是一首政治隐喻诗。前半首描写了扬子洲及江天阁的地理形势:滔滔赣江之水流向长江下游的吴越地区。扬子洲和凤凰洲夹江相峙。扬子洲作为赣江的中流砥柱,缓冲了水势,稳定了南昌城。登上洲头的江天阁,可以放眼四望。后半首抒发了作者登高远望思念皇上的感慨:遥远的朝廷宫阙,可念而不可即,眼前浮现的只是假象。张位认为:自己被削职为民后,虽可凭栏观景、江湖垂钓,但毕竟不被重用,不禁产生了一种浓重的失落感。作者在诗中似乎以中流砥柱自喻,可惜怀才不遇,从而流露出无限哀愁。张位罢官隐居后,虽时时表现出一种淡泊明志的豁达心态,而实际上他内心是存在矛盾的。张位登江天阁,有类似宋人范仲淹登岳阳楼的情绪。正如范仲淹在《岳阳楼记》中所写的那样:"登斯楼也,则有去国怀乡、忧谗畏讥、满目萧然、感慨而悲者矣。""居庙堂之高则忧其民,处江湖之远则忧其君。是进亦忧,退亦忧。然则何时而乐耶。"此诗气势浩大,眼界宽阔,用情深沉,具有相当的感染力,不失为一首好诗。

【文辞注释】①江天阁:在南昌城北扬子洲上,为赣江水口第一关,明神宗万历三十六年(1608)张位建造。今已不存。 ②万顷银河:银河是晴天夜晚空中呈现出的银白色光带,它由大量恒星构成,古称天河、星河、云汉、天汉、银汉。张位用"万顷银河"来形容滔滔奔流的赣江之水。唐代诗人李白《望庐山瀑布》诗中也曾借用银河来形容瀑布之水:"飞流直下三千尺,疑是银河落九天。" 斗牛:指天上二十八星宿中之斗宿和牛宿。因吴越地区正当牛、斗二宿之分野,故以"斗牛"指吴越地区。据王勃《滕王阁序》中说,南昌"襟三江而带五湖,控蛮荆而引瓯越","台隍枕夷夏之交",地处吴头楚尾。"万顷银河注斗牛",是比喻赣江之水由江西流入长江下游的吴越地区。砥柱:即中流砥柱,以山在激流中矗立如柱,比喻能负重任支危局的力量。诗中系指位处赣江中流的扬子洲。扬子洲使赣江之水分流注入鄱阳湖,减小了水势,镇定了南昌。 南州:指南昌。 ③双峰夹岸:指扬子洲和凤凰洲夹赣江相峙。 此楼:指江天阁。 ④西江:赣江。 遥瞻:远望。 北阙:古代宫殿北面的门楼,是臣子等候朝见皇帝或上书奏事的地方。此处指朝廷。 浮:出现。 ⑤讵:岂;不。 烟波:指江湖。

滕王阁看王有信演《牡丹亭》(二首)①

汤显祖

韵若笙箫气若丝,牡丹魂梦去来时。②
河移客散江波起,不解销魂不遣知。③

桦烛烟销泣绛纱,清微苦调脆残霞。④
愁来一座更衣起,江树沉沉天汉斜。⑤

【本诗出处】徐朔方笺校《汤显祖集》卷19《玉茗堂诗之十四》,中华书局上海编辑所1962年版。

【作者简介】汤显祖(1550—1617),字义仍,号若士。江西临川人。少年时即有文名。二十一岁乡试中举。明神宗万历五年(1577),因拒绝内阁首辅张居正的延揽,会试不第,前往南京国子监游学,因得以司业张位为师。至万历十一年(1583),始得同进士出身。次年,又因拒绝辅臣申时行的招致,出为南京太常寺博士,后迁南京礼部主事。万历十九年(1591),上《论辅臣科臣疏》,指名批评张居正、申时行败坏政治,被谪为广东徐闻县典史。万历二十一年(1593),调任浙江遂昌知县,因打击豪强,冒犯权贵,于万历二十六年(1598)弃官回临川,并于当年创作《牡丹亭》传奇。汤显祖是中国历史上伟大的戏曲家和文学家,他所写的《紫钗记》《牡丹亭》(又称《还魂记》)《南柯记》《邯郸记》四部传奇,合称《临川四梦》,堪称不朽之作。汤显祖弃官回乡后,常去南昌与张位交往,共同为推动江西的学术文化事业发展作出了贡献。

【诗意说明】汤显祖于明神宗万历二十六年(1598)完成了《牡丹亭》传奇的创作。万历二十七年(1599)九月重阳节,新修南昌滕王阁举行落成典礼,汤显祖应邀参加,在滕王阁上观看了由浙江海盐班王有信演出的《牡丹亭》,并写诗以记其事。诗中写到演员的唱腔十分优美动人,其清脆的苦调响彻天际,直唱得蜡烛落泪、江树沉默、银河西斜、江波激动,观众销魂而坐不安席。可见,《牡丹亭》的演出取得了极大成功。此诗对《牡丹亭》演出现场的意境描写很有特色。它不仅写演员的唱腔、剧情、观众情绪,还以剧场周围环境如蜡烛流泪、江树沉默、银河西斜来渲染剧场肃静的气氛,使读者感到观众正凝神关注剧中人物的命运,心潮起伏,从而体现出《牡丹亭》传奇极强的感染力。

【文辞注释】①牡丹亭:《牡丹亭》写杜丽娘与书生柳梦梅的爱情故事,是汤显祖的一部浪漫主义的传奇杰作,对后世的小说、戏曲创作影响很大。杜丽娘是南安太守杜宝之女,因不耐于深闺寂寞,私游后花园,偶在梦中与书生柳梦梅欢会。醒后,因思恋成疾,一病身亡。上京赶考的柳梦梅来到杜丽娘的葬地梅花观养病,杜丽娘的鬼魂得与柳梦梅自由恋爱,并死而复生,两人结为夫妇逃往临安。柳梦梅应试后,去淮扬拜见岳父。杜宝拒不相认,反将他捆吊拷打。后来,柳梦梅状元及第,与杜丽娘一起去朝廷折证,杜宝才被迫认亲,杜丽娘与柳梦梅终于得以团聚。《牡丹亭》热情歌颂杜丽娘反对封建礼教、追求自由恋爱、要求个性解放的精神,同时严厉鞭挞了封建礼教摧残青年、扼杀真挚爱情的罪恶,具有鲜明的政治倾向。　②韵若笙箫气若丝：形容唱腔柔美，韵味无穷。　牡丹魂梦去来时：写杜丽娘的灵魂在梦中出没。　③河移：银河西斜。　销魂：形容观众的深度感动。"不解销魂不遣知"，意思是说，对于不懂得情感的人，也就无法让他理解《牡丹亭》的旨趣。　④桦烛：用桦树皮卷成的烛。据说古人不知用蜡制烛，直接以烧柴照明，或剥桦树皮点火为烛。其实，中国早在南北朝以前已有蜡烛，到明代时当然已经普遍使用蜡烛。文人写诗常喜用古典，汤显祖所写的"桦烛"应是蜡烛。　泣：诗中指蜡烛因燃烧而流油，作者将蜡烛人格化，比作观众因看戏感动而落泪。　绛纱：红色的纱绢。诗中指的是插蜡烛的红纱灯笼。　脆：形容声音的清爽、脆亮。　⑤更衣：原意为起身换衣休息，诗中用来形容观众因看戏感动而坐不安席。天汉：天河，即天上的银河。

上巳杏花楼小集二首①

汤显祖

茂林修竹美南州,相国宗侯集胜游。②
大好年光与湖色,一尊风雨杏花楼。③

花枝湖溇渌如红,上巳尊开雨和风。④
坐对亭皋复将夕,客心销在杏楼中。⑤

【本诗出处】《汤显祖集》卷16《玉茗堂诗之十一》。

【作者简介】见前。

【诗意说明】明神宗万历三十五年(1607)三月,汤显祖去南昌张位别墅杏花楼参加上巳节集会,写了这两首诗。诗中记述了张位与宁王后裔及士大夫们一起燕饮的情况。主人和来客坐在美丽的杏花楼上,面对春天风雨迷蒙的东湖景色,频频举杯,身心陶醉,客人们乐而忘返,不知夜之将至。作者在诗中不写宴会的热闹场面和主客的高声谈笑,而是着重写人们饮酒和欣赏湖上景色的喜悦心情,充分反映了张位及其挚友退隐生活的闲适与美好。此诗写景如画,措辞温馨,抒情优雅,使读者犹如亲临其境,身心也为之销溶。

【文辞注释】①杏花楼:坐落在今南昌市内南湖(古东湖的一部分)北滨一小洲上。唐代在此初建湖心观音亭。明朝武宗正德年间(1506—1521)曾建宁王朱宸濠之妻娄妃的梳妆台。明神宗万历年间(1573—1620)一度成为张位的别墅,称"杏花楼"。清初在杏花楼西侧建因是庵。清高宗乾隆五十三年(1788)重修后改称"观音亭",俗称水观音亭。民国七年(1918)民间募捐再次重修落成。杏花楼今为南昌画院所在地。　②南州:指南昌。　相国:宰相,指张位。其实明朝已废除了宰相制度,但因张位曾官至武英殿大学士,为明朝内阁大臣,位高权重,当时人们喜用古代称呼,把他看作"相国"。宗侯:王室贵族。此处指南昌宁王后裔,因为参加这次上巳节集会的还有宁王后裔朱郁仪等人。同日,汤显祖还写有《丁未上巳,同丁右武参知王孙孔阳郁仪图南侍张师相杏花楼小集,莆中蓝翰卿适至,分韵得楼字》一诗。朱郁仪即朱谋㙔,字明父,又字郁仪,宁献王朱权七世孙,家住南昌,封镇国中尉。万历十九年(1591)摄石城王府事。家富藏书,著书一百二十种。死后,南昌人私谥"贞静先生"。著有《枳园近稿》等。　③年光:春光。　尊:亦作"樽""罇",古代盛酒器。"一尊",指一杯酒。　④潋:水盈溢状,或水光耀状。渌:清澈。"花枝湖潋渌如红",是说鲜花倒映在清澈的湖水中,使水也呈出红色。　上巳:古代节日名。汉以前,以农历三月上旬巳日为"上巳";魏晋以后,定为三月三日,不必取巳日,但也有仍取巳日者。民间习俗,上巳节时,人们或洗涤积垢,去邪取吉,或踏青春游,祭祀祖坟。　⑤亭皋:水边平地。　销:形容陶醉。

杏花楼宴答张师相二首

汤显祖

仙人近住杏花楼,篱门相对百花洲。①
端居色色春来好,高卧时时云出游。②
洞户雨迴苍翠晓,明湖风切管弦流。③
欢深向夕临阑兴,何限烟波倚钓舟。④

紫禁初归鬓未华,五云楼阁是仙家。⑤
湖光欲泻窗棂入,磴道全依草树斜。⑥
风物差池疑凤岭,月光清浅问龙沙。⑦
白头弟子抛闲得,春色年年醉杏花。⑧

【本诗出处】《汤显祖集》卷17《玉茗堂诗之十二》。

【作者简介】见前。

【诗意说明】张位自从明神宗万历二十六年(1598)六月罢官回家后,常住在其别墅杏花楼中。汤显祖在同年弃官返临川后,时来南昌与张位聚会。此诗描写了杏花楼幽静的环境,同时也记叙了张位神仙般的隐居生活。杏花楼坐落在东湖北滨(今南湖北滨)一个小洲上,四面环水,遍植花木,湖光月色,风景秀丽。张位安居在此,心境闲适,时或高卧观云、倾听音乐,时或观赏鲜花、泛舟湖上,精神十分愉快。此诗为读者提供了一幅无比明丽的风景画和退休老人的行乐图,能使人感受到一种安逸和畅的美。

【文辞注释】①仙人:指张位。　杏花楼:参看汤显祖《上巳杏花楼小集》诗注释。　百花洲:在今南昌市内民德路状元桥和中山路三道桥之间的东湖一带,共有三洲,其中两洲在今八一公园内,即冠鳌亭和苏公圃,另一洲为原江西省图书馆、少年宫所在地(古代建有寺宇,寺北为"水木清华"之馆,右为"约鸥榭")。　②端居:安居。　色色:样样,各式各样。　③洞户:门户,有时也借指幽深的内室。此处实际上是指整座杏花楼,形容它犹如神仙洞府。 迥:环绕。　晓:明亮。此处是形容雨中树木苍翠欲滴,十分亮丽。明湖:明丽的湖泊。此处指古东湖。　切:靠近,贴近。　管弦:乐器。此处指音乐声。"风切管弦流",意思是说音乐声随风飘荡。④欢深:兴致很高时。　阑:栏杆。　何限:无限,无边。　⑤紫禁:即紫禁城。此处实指明朝首都北京。　鬓未华:头发未白。　五云:五色祥云。　⑥磴道:石台阶。　⑦差池:差错。　凤岭:疑指江西新建西山之鸾冈(今属南昌市湾里区)。汤显祖在《丁未上巳,同丁右武参知王孙孔阳郁仪图南侍张师相杏花楼小集,莆中蓝翰卿适至,分韵得楼字》一诗中,曾写到"章门期旧好,鸾冈恣冥搜"。传说鸾冈是上古时期黄帝乐臣伶伦(洪崖先生)乘鸾休憩之处,四周有水,又称鸾坡。今南昌市湾里区北部乌晶源上有江西最古老的名胜古迹之一"洪崖丹井"。相传黄帝的乐臣伶伦(中国音乐的始祖)曾在洪崖凿井炼丹,"洪崖丹井"由此得名,成为"豫章十景"之一。隋文帝开皇九年(589),以洪崖所在之故,改豫章郡为"洪州"。历代名人多来洪崖游览。张位携汤显祖等也曾到此,赞为"世外桃源",其诗曰:"逢泉石可坐,击石自成吟。处处藤萝好,重重紫翠深。人稀莺啭谷,院静鹤盘林。何福生居此,桃源更莫寻。"　龙沙:在南昌德胜门外龙岗、北坛沿江处。据乐史《太平寰宇记》载:该地"洲北七里一带,江沙甚白而高峻,左右居人时见龙迹",故称龙沙。当阳光照射蜿蜒起伏的沙丘时,光彩夺目,宛若游龙。"龙沙夕照"为"豫章十景"之一。　⑧白头弟子:作者汤显祖自称。因当时汤显祖也已年近花甲,他以张位为师,故自称弟子。　抛闲得:即"得抛闲",得到抛开杂事的闲工夫。　醉:陶醉。

闲云楼五日二首

汤显祖

坐隐湖帘触兽环，一弹一说恨关山。①
今宵一片蕤宾铁，跳出平池烟月间。②

粗参绛帐与横经，却许铿锵到后庭。③
为道曲名灯下见，唱来还是隔帘听。④

【本诗出处】《汤显祖集》卷19《玉茗堂诗之十四》。

【作者简介】见前。

【诗意说明】汤显祖弃官回临川后，常去南昌拜访张位，有时在他的别墅闲云楼一住多日。这二首诗是汤显祖在留宿闲云楼五天之中所写。此诗描述了汤显祖与张位一起听曲时的情景，既赞扬了弹奏者技艺的高超，又写出了欣赏者对乐曲的爱好。此诗意境渲染十分到位：月夜听曲，节奏铿锵，坐隐湖帘，心潮起伏，欣赏者的思绪与音乐的情调融合到了一处。

【文辞注释】①触：撞、碰。 兽环：兽头形铺首衔的门环。"触兽环"，即轻叩门环。 一弹一说：一边弹奏，一边说唱。 关山：关隘、山岭，常用作比喻难关或重重困难。"一弹一说恨关山"，是说弹唱内容引起了听曲者对自己坎坷经历的回忆。 ②蕤宾铁："蕤宾"，古乐十二律中的第七律，属阳律，其音徵（指宫、商、角、徵、羽五音中之第四音级）。据唐段安节《乐府杂录·琵琶》载："武宗初，朱崖太尉有乐吏廉郊者……郊尝宿平泉别墅,值风清月明,携琵琶于池上,弹《蕤宾调》……忽有一物锵然跃出池岸之上,视之,乃一方响(古磬类打击乐器),盖蕤宾铁也。以指拨精妙,律吕有应也。"后人因以"蕤宾铁响"赞扬弹奏技艺高超。　③粗:大。"粗参"即大礼参见。　绛帐:对师门、讲席的敬称。　横经:横陈经籍,指受业或读书。　铿锵:形容演奏乐曲的节拍声。此处指奏乐。　④道:说,讲述。

玉兰花开和张师相

汤显祖

长廊客散雨初晴，素影高寒月下行。①
似是相公怜曲庑，木兰花慢一声声。②

【本诗出处】《汤显祖集》卷19《玉茗堂诗之十四》。

【作者简介】见前。

【诗意说明】这首诗是汤显祖为和张位的诗而作。诗中写的是张位的客人们在早春夜晚听曲后散去时的片刻情景。作者并不直叙张位对曲乐的爱好，而是通过客散后曲乐声仍从演奏厅阵阵传出，来间接说明张位对听曲的迷恋。此诗意境极妙，寒夜、月光、人影、乐声组成了一幅月夜听曲图，表现出一种幽静冷俊之美，韵味无穷。

【文辞注释】①素影：月光照射人、物投在地上的阴影。 高寒：寒冷。早春玉兰花开时，天气乍暖还冷。 ②相公：指张位。怜：爱。 曲庑：庑，本义为堂下周围的走廊、廊屋，有时也泛指房屋，"曲庑"是演奏乐曲的廊屋。 木兰花慢：曲牌名。唐教坊有《木兰花》曲名，后用作词牌。宋教坊又演化为《木兰花慢》长调，双韵一百零一字，上片五平韵，下片七平韵。明代有《木兰花慢》曲牌名，南北曲皆有，但其字句格律与词牌不同。北曲属高平调，一般用在诸宫调。南曲属南宫调，用作引子。《木兰花慢》是一种慢曲，指南曲中曲调谐婉舒缓、有赠板的曲牌，在戏曲中适宜于生、旦所唱。在南曲联套时,慢曲多在前,急曲在后。　一声声:声音一阵一阵地传出来。

题闲云馆

刘应秋

心远喧常静，身闲道自夸。①
因兼大小隐，闲诵来去词。②
书幌风开帙，花栏雨濯枝。③
浮云同此意，行住本无期。④

【本诗出处】清同治《新建县志》卷89《艺文·诗》。

【作者简介】刘应秋(1555—1620)，字士和。江西吉水人。明神宗万历十一年(1583)进士，授编修。历官至国子监祭酒。万历二十六年(1598)秋，"妖书"案发，张位被诬为主谋，削职为民。他平时与张位关系较好，因此受牵连而被黜归。

【诗意说明】刘应秋与张位因志趣相投而成为挚友。他在被罢官后，继续与张位交往，并成为张位别墅闲云馆(即闲云楼)中的座上客。此诗主要是写张位被罢官后对世事的超脱态度。张位虽被削职为民，但他在归家后，仍志趣高远，坚持道德修养，以坦荡的胸怀、闲适的心境，在闲云馆中过着惟以读书、种花为事的自由自在的隐居生活。作者在诗中写的是张位，实际上也是写自己的心态。此诗文辞古朴，风格高雅，有助于我们对张位思想的认识和理解。

【文辞注释】①心远：志趣高远。　道：道义。　夸：夸耀。此处有发扬之意。　②大小隐：大隐指身居朝市而志存高远的人。小隐指隐居山林的人。宋陆游《寓叹》诗云:"小隐终非隐,休官尚是官。"古人认为,只有大隐才是真正的隐士。诗中是说张位身兼大、小隐,是真正的隐士。　来去词:指陶渊明的《归去来辞》。东晋陶渊明为彭泽县令,因不愿受郡督邮的欺压,说"我不能为五斗米而折腰",乃辞官归家,作此辞以明志。其中说:"富贵非吾愿,帝乡不可期。"　③书帻:书帷,也指书房。　帙:书卷的外套,亦泛指书籍。　濯:洗。　④行住:动静,行走或停留,谓一举一动。

题张洪阳闲云馆①

吴应宾

赋就张平子,飘然独草亭。②

回环一水绿,高下万山青。③

避世曾金马,焚香对石屏。④

只疑云雾窟,长护太元经。⑤

【本诗出处】清同治《新建县志》卷89《艺文·诗》。

【作者简介】吴应宾,字客卿,又字尚之。桐城(今安徽桐城)人。明神宗万历时中进士,授编修。因眼睛生翳告归。居乡四十年,闭门著述,对性、命之学深有研究。明熹宗天启年间(1621—1627),以理学召,不赴。著作有《学易斋集》《宗一圣论》。

【诗意说明】此诗写张位被罢官后,盘桓于山水之间,不慕官禄,避世隐居,在其别墅闲云馆过着潇洒超脱的生活。此诗措辞古朴,意境玄妙,写出了张位适应自然、遵循道德的思想风貌。

【文辞注释】 ①张洪阳:即张位,张位号洪阳。 ②赋:指作诗或吟咏。 就:趋向;凑近;依随。 张平子:即张衡。张衡(78—139),东汉科学家、文学家。字平子。南阳西鄂(今河南南阳北)人。他为人从容淡静,不喜交接俗人。举孝廉,不就。二十八岁时,任南阳太守鲍德的主簿,作《东京赋》和《西京赋》。后归故乡,研究天文历法等。安帝时,任郎中,迁太史令,掌管天象观测,发明了浑天仪和地动仪。迁侍中,遭宦官谗毁,作《玄思赋》寄托情志。后又历任河间相、尚书。汉顺帝永和四年(139)去世。著作较多,除诗、赋等以外,另有《周官训诂》等。从诗中可见张位钦慕张衡的为人。　③一水:指赣江。　万山:指南昌西山山脉。张位的别墅闲云馆在南昌德胜门外,濒临赣江,面对西山。　④金马:指朝廷或帝都,亦指翰林院或翰林。金马门与玉堂署为汉朝学士待诏之处,后因以指翰林院或翰林学士。张位曾任明朝翰林院编修和内阁大学士,故而诗中说他"曾金马"。　石屏:石制的屏风,或指壁立如屏的山石。⑤云雾窟:被云雾掩遮的洞窟,形容为所谓"神仙洞府"。　太元经:即西汉扬雄所著之《太玄经》。扬雄(公元前53—公元18),成都人。汉成帝时为给事黄门郎,王莽时校书天禄阁,官为大夫。他曾仿《周易》作《太玄经》。其学说取老子之道德、孔子之仁义、《周易》之象数,以"玄"为最高范畴。他认为"玄"是超感觉的,为世界万物的总根源,主宰世界的运动变化。他以象数解释自然和社会,认为人事要遵循尧、舜、文王之道,体现自然规律。他的学说开魏晋玄学的先河。从诗中可见张位崇尚扬雄的学说。

杏 花 楼

黎元宽

杏花楼下泛香波,楼上看花净绮罗。①

堤列锁丝迟马走,村沽斗酒听鹂歌。②

三洲苏圃炎寒共,两相平泉木石多。③

王谢乌衣能复起,归来旧燕创新窝。④

【本诗出处】《南昌诗征》卷4《七言律》。

【作者简介】黎元宽,字左严,又字博庵。南昌人。明毅宗崇祯元年(1628)进士,历官工部主事、兵部郎中、浙江提学副使。早年曾督杭州关务,不自居于俗吏。明朝灭亡后,在南昌鹿谷洲(后名蓼洲)筑"草草庐"居住。清世祖顺治初(1644),经略洪承畴荐他于朝,以母老固辞。晚年在家讲学以终,享年七十九。其诗文书法风格怪僻,人称"黎体"。著有《进贤堂诗文集》。

【诗意说明】明末,张位之侄张希载为张位选编《闲云馆集钞》,黎元宽曾为作序,可见黎元宽对张位之家世及为人有所了解,也曾亲自见过杏花楼。本诗全面描写了杏花楼的地理形势及其周围景色,并叙述了张位被罢官后回南昌创建杏花楼的这段历史,对我们了解杏花楼有一定帮助。作者描写杏花楼,形象具体如画,但同时也流露出对世事沧桑的感叹。

【文辞注释】①杏花楼:张位的别墅。参看汤显祖《上巳杏花楼小集二首》诗的注释。　　净:纯粹,全,都。　　绮罗:指穿着华贵的丝织品或丝绸衣服的人,即上层人物。　　②锁丝:指东湖堤岸上浓密的垂柳枝条。　　迟:妨碍。　　③三洲苏圃:苏圃,为组成南昌东湖百花洲的三洲之一,是南宋隐士苏云卿灌园种菜的地方。"三洲苏圃"后来成为明清时期的地名,在今南昌市区苏圃路及建德观街东段南湖沿岸一带。　　两相平泉:"平泉",指唐朝宰相李德裕的别墅平泉庄。据唐代康骈《剧谈录·李相国宅》记载:平泉庄"去洛阳三十里,卉木台榭,若造仙府"。黎元宽在诗中把明朝大学士张位的杏花楼与唐朝宰相李德裕的平泉庄相提并论,故称"两相平泉"。　　④王谢:指王导、谢安及其族人。王导(276—339),东晋大臣。他曾出谋划策,联合南北士族,拥立司马睿为帝,建立东晋政权。他官居宰辅,长期总揽朝政,其势始终不衰,时有"王与马,共天下"之说。谢安(320—385),东晋大臣。少时为王导赏识,后寓居会稽(今浙江绍兴),屡拒朝廷征召,年逾四十方出仕。历任尚书仆射、中书监、骠骑将军、录尚书事,官至司徒。淝水之战中,他出奇制胜,大败前秦苻坚南侵东晋的军队,继而挥师北伐,一度收复河南失地。后因位高招忌,被迫出镇广陵(今江苏扬州),不问朝政,不久病死。　　乌衣:指乌衣巷,也指燕子。乌衣巷在今江苏南京市秦淮河南,东晋时王导、谢安等豪门望族在此居住。唐代刘禹锡《乌衣巷》诗写道:"朱雀桥边野草花,乌衣巷口夕阳斜。旧时王谢堂前燕,飞入寻常百姓家。"这也就是说,昔日乌衣巷中的王、谢豪宅已不存在,其堂前的燕子也已飞往别处。黎元宽把张位新建杏花楼比作王谢恢复乌衣巷的豪宅,"旧时王谢堂前燕"也就能从百姓家再次归来重创新窝。

步自杏花村过钟楼至上兰寺有感(四首)①

陈允蘅

荒城迷旧路,湖水激深痕。②
马走风俱疾,乌啼日易昏。③
丰碑表蔬圃,浅苇失烟村。④
眼底沧桑事,天心不可言。⑤

古寺闲寻得,疏篱竹数竿。⑥
僧偏渡江早,客正入山难。⑦
土锉烟初断,香台影自寒。⑧
皈依何日是,愁思又无端。⑨

祀废频年复,谯高异代经。⑩
政闲兴土木,俗改信神灵。⑪
野草春还长,湖波夜不停。⑫
人踪看渐少,鬼语趁流萤。⑬

回首三洲路,余哀寄水涯。⑭
几人娴玉帐?通国攘乌纱。⑮
自冷秋屏黛,空飞春渚花。⑯
军中多睇笑,罗绮入谁家!⑰

【本诗出处】清乾隆《南昌县志》卷69《艺文·诗下》。

【作者简介】陈允蘅,字伯玑。明末清初诗人。原籍江西南城,明朝南京福建道御史陈本之子。弱冠为诸生。居住在南昌东湖上。明末清初,他因逃避战乱,曾寓居江淮、吴越,甚至流亡到遥远的鸠兹(在今新疆境内)。大约在清世祖顺治六年(1649)战乱平息后,他才回到南昌,修葺东湖苏圃故址居住。他身体不好,弱不胜衣,双瞳呈碧色,年不满五十而病死,葬于南昌县莲塘。他善作五言诗。曾选《诗慰》《国雅》诸集,受到当时名士的推崇。所著有《爱琴馆诗》及《勤补堂遗稿》。

【诗意说明】此诗应是陈允蘅在清初归居南昌东湖时所写。清世祖顺治五年(1648),原明朝降清将领金声桓又在南昌叛清,次年正月十九日兵败投池自杀。在这次战争中,南昌死亡十余万人,白骨如山,城外百里无人烟。战时,南昌城中米价高达六百金一石,以至发生人吃人的惨剧。经过明清之际战乱的破坏,杏花村一带野草丛生,乌啼日昏,人迹稀少,民生困穷,人们奔走谋利,心灵空虚,宗教迷信盛行。作者把战后南昌的这种萧条景象描写得淋漓尽致,给人一种凄凉之感。此诗情绪悲怆,感染力极强,同时也有助于读者对清初南昌社会的认识。

【文辞注释】①杏花村:在明代,南昌杏花村是个很有名气的村子,杏花楼就在村中。它位于澹台门(即明代南昌城东门,又叫永和门)内、府学之东。村址大约相当于今天南昌市区渊明路之东、叠山路以南、苏圃路之西、中山路以北的古东湖(今东湖、南湖、西湖、北湖在清朝以前统称东湖)沿岸地区。当时的东湖书院前街即杏花村横街,也就是现在的中山路。　钟楼:即南昌钟鼓楼(在今南昌市区东湖西岸、民德路与渊明北路交叉处)。钟鼓楼原名岑楼,创建时间失考。钟楼原在普贤寺。钟为南唐保大十一年(953)南平王钟传所铸,后寺毁于火灾,钟也被烧毁。北宋太祖乾德五年(967),南唐节度使林仁肇重新铸钟。明太祖洪武中(1368—1398),都指挥使宋晟将钟迁至今处。钟楼高十丈、广五丈;钟大十围、重六百钧(古代以三十斤为一钧)。登钟楼可俯瞰东湖、远望西山。　上兰寺:即今南昌市八一公园对面的佑民寺。该寺在南北朝梁武帝时始建,初称上兰寺,明末早已改称永宁寺,清初又改称佑清寺,作者在诗中用古称。参看熊文登《咏娄妃手写〈黄庭经〉》一诗注释。　②荒城:指南昌城,因遭明清之际战乱的破坏,故称荒城。　迷旧路:作者为逃避战乱,曾离南昌流亡远方,晚年回到南昌,因环境改变,已认不出旧路。　湖水:指东湖之水。　激:指水波冲击。　深痕:指湖堤上明显的水迹。　③疾:快速。　昏:昏暗。　④丰碑:指表彰南宋隐士苏云卿高风亮节的石碑。苏云卿,四川广汉人。南宋高宗时,他虽学问高深、见识过人,却不愿为官,来南昌东湖隐居读书,并灌园种菜,自食其力。他与人为善,帮助邻居,得民敬重。他的好友、当朝宰相张浚派人来请他出仕,他不辞而别,不知去向。　表:表彰。　蔬圃:指苏公圃,即东湖中当年苏云卿灌园种菜的地方。烟村:指南昌杏花村。　⑤眼底:眼中,眼前,目下,现在。　沧桑:"沧海桑田"的略语,也用以指朝代更迭、世事变化。诗中实指明清之际杏花村的遭到破坏。　天心:天意。　⑥古寺:指上兰寺,清顺治年间已改名佑清寺。 ⑦渡江:渡赣江。 入山:去南昌赣江北岸的西山。 ⑧土锉:民用炊具砂锅。 香台:烧香之台,佛殿的别称。 ⑨皈依:原指佛教的入教仪式,表示对佛、法(教义)、僧三者的归顺依附,也指身心归向、依托。 无端:没有头绪。 ⑩祀:古代对神鬼、祖先所举行的祭礼。 频年:连年,多年。 谯:城门上的望楼。 异代：不同时代。诗中指清朝代替了明朝。 经:经历。 ⑪土木:土木工程,建筑工程。诗中多指兴建宗教寺观。 ⑫湖波:指东湖中的波浪。 ⑬流萤:飞行无定的萤火虫。"鬼语趁流萤",因萤火虫在夜间飞行,而"鬼火"(尸骨中分解出来的磷火)又常与萤火同时闪耀,故迷信者认为那正是鬼魂出没的时候。 ⑭三洲:指苏圃三洲。参看黎元宽《杏花楼》诗注释。 水涯:指南昌东湖之滨。 ⑮娴:熟习。 玉帐:主帅所在处的帐幕,取如玉之坚不可犯的意思。古人常以"玉帐术"指兵术,即指挥能力。此处借指从政能力,即今之所谓领导艺术。"几人娴玉帐"是反问句,是说有几个人有从政能力呢? 通国:全国。 攘:盗窃,窃取。 乌纱:指古代官员所戴的乌纱帽,借指官位。 ⑯冷:冷落,寂寞。 黛:古时女子用于画眉的青黑色颜料,故用为女子眉毛的代称。诗中借指外出谋官者留在家中的寂寞的妻子。 ⑰睇笑:斜着眼睛笑,指讥笑。 罗绮:多指丝绸衣服。此处喻繁华、富贵。"罗绮入谁家"也是反问句,意思是求得富贵的人很少。

杏花村访友

杜 濬

野夫不识路,逐步问君家。①

但见新荆棘,曾无古杏花。②

风传林杪磬,烟起竹间茶。③

始至幽栖地,行迟日渐斜。④

【本诗出处】清乾隆《南昌县志》卷69《艺文·诗下》。

【作者简介】杜濬(1611—1687),字于皇,号茶村。湖北黄冈人。少时倜傥,为副贡生,不得志,便专心写诗。明亡,隐居金陵(今江苏南京)不出,居于鸡鸣山之右,茅屋数间,梁歪栋朽,生活贫困。其诗文豪健,人来求诗,皆谢绝。性廉介,不轻易受人恩惠。晚年,因饥饿被迫外出,死于扬州。死后无葬身之地,直到陈鹏年任江宁知府,才将他安葬在蒋山(今江苏南京钟山)以北之梅村。著有《变雅堂集》。

【诗意说明】这是作者来南昌杏花村寻访友人时所写的诗。诗中反映了清初杏花村荒芜衰败的冷清景象:遍地荆棘,人迹稀少,只听到村中传出寺院的磬声,看见空中飘着煮茶的烟尘。作者所描写的这种凄清意境,给人以悲凉的感觉,可见此诗有较强的感染力。

【文辞注释】①野夫:犹鄙人,平民百姓,诗中为作者自称。君家:指友人的家。 ②曾:竟。 ③林杪:树梢头。 磬:寺院中召集僧众用的云板形鸣器或诵经用的钵形打击乐器。诗中借指击磬发出的声音。 茶:诗中指煮茶。 ④幽栖地:指友人隐居的地方,即杏花村。

东湖因是庵①

黄云师

白野闲依堞，萧萧坐碧丛。②

柳将秋气瘦，人过板桥空。③

佛火连虚幌，渔梁落晚虹。④

徘徊宜小隐，幽兴谁与同？⑤

【本诗出处】清乾隆《南昌县志》卷69《艺文·诗下》。

【作者简介】黄云师，字云非，又字雷岸。江西德化（今江西九江）人。明末清初学者。明毅宗崇祯十三年（1640）进士，历任吏、户、刑、兵四科给事中。明亡后，退居庐山莲花峰下，闭门著述。著作丰富，有《周易裁》《毛诗是正》《尚书考异》《春秋析疑》《三礼会通》《砚北堂说书》《正史钓英》《壬癸疏草》《无择言》《黄氏玉璧》《药谱明疗》《珠林如意》《说文鸠异》《灵族小史》《相读岁妆》《宾苑》《严栖志》《采云堂集》《金刚强说》《江西人物志》等。

【诗意说明】此诗是黄云师在清初某年秋天游南昌因是庵时所作。因是庵虽系新建，但庵堂甚是冷落，人迹稀少，香火也不算旺盛，可见清初南昌社会尚处在萧条时期。同时，诗中又透露出作者在明亡之后意欲隐居山林的淡泊心情。这是一首写实诗，语言并无夸张或着意渲染之处，风格淡雅清隽，意境萧瑟空灵，读后能使人产生无穷遐想。

【文辞注释】①因是庵:坐落在南昌城内南湖北滨杏花楼西侧,一名大士庵,供奉观世音菩萨。大约重建于清世祖顺治六年至十年(1649—1653)之间,李元鼎(？—约1653)写有重修碑记。所谓"重修",是指重建唐代的"湖心观音亭"。清高宗乾隆五十三年(1788),僧果传募捐再次重修,改庵名为"观音亭",俗称"水观音亭"。民国五年至七年(1916—1918),南昌民间组织同德善堂又募款重修,钟元赞写有《重修湖心观音亭碑铭》。1966年"文化大革命"兴起,为破"四旧",水观音亭被毁。　②白野:白身野人,指没有功名和官位的平民百姓。黄云师是明朝遗臣,明亡后隐居不仕,故自称"白野"。　堞:城上呈齿形的矮墙,也称女墙。诗中借指因是庵的院墙。　萧萧:萧条,寂静。　碧丛:绿色的树丛。　③瘦:消损,减少。　板桥:指因是庵东边的一座木桥。清高宗乾隆五十三年(1788)僧果传重修湖心观音亭时,把木桥改建成为石桥,即今天南昌市内杏花楼西侧之观音桥,为从东面进入观音亭必经之路。④佛火:指供佛的油灯和香烛之火。　虚幌:透光的窗户或帷幔。诗中指挂在佛像前的帘幔。　渔梁:即鱼梁,是拦截水流以捕鱼的一种设施。以土石筑堤横截水中,如桥,留水门,置竹筒或竹架于水门外,拦捕游鱼。诗中所指的是东湖中的鱼梁。　虹:桥的代称。⑤小隐:隐居于山林。参看刘应秋《题闲云馆》诗注释。

杏花村(江城杂咏五首之四)①

熊为霖

图向昆明画几分,相公亭阁麝脐熏。②
杏花村里洪阳府,谁认当年翡翠群?③

【本诗出处】《南昌诗征》卷5《七言绝句》。

【作者简介】熊为霖,字浣青。江西新建人。清高宗乾隆七年(1742年)中进士,任检讨官。著有《鹤峤诗钞》。

【诗意说明】作者在明朝灭亡(1644)后将近一个世纪来到南昌杏花村,东湖的风景依旧那么美丽,然而又有谁还知道当年张位府第和别墅中的那些富贵风流人物呢?真是世事沧桑,令人感叹!此诗的结构和写作手法很有特点:全诗虽然只有短短四句,前三句着力描写当年张位府第和别墅的美丽豪华,最后一句却笔锋突然一转,点出了人去楼空、历史大浪终将淘尽千古风流人物的必然性。

【文辞注释】①杏花村:张位别墅杏花楼所在地。参看陈允蘅《步自杏花村过钟楼至上兰寺有感》诗注释。　②昆明:指汉代昆明池。汉武帝元狩三年(前120)在京城长安(今陕西西安)西南郊开凿昆明池,以习水战。池周围四十里,广三百三十二顷。宋以后湮没。后世以"昆明池"泛指帝京附近的湖沼。本诗中作者认为风景如画的南昌东湖有点像汉代长安的昆明池。　相公:指明朝内阁大学士张位。　麝脐:指麝香。因麝香腺存在于雄麝的肚脐中,故"麝脐"被借指为麝香。　③洪阳府:即张位的府第。张位号洪阳,故称其府第为"洪阳府"。　翡翠群:富贵的人群。翡翠是一种色彩鲜艳的硬玉,十分珍贵,富人多用作饰品。诗中以"翡翠群"来形容张位府中的贵人。

后记

我为什么要写《南昌杏花楼》这本小书,说来话长。

我是从事历史研究工作的,来南昌已有 53 年,也可说是"老南昌"了。也许是出于专业的癖好,我非常注重对地方历史文化的寻访。可是,在南昌可看的古迹实在太少。其实,南昌本是一座历史名城,为何目前留存古迹不多?我想这应当事出有因。南昌地处战略要地,历代战争频繁,是座多灾多难的城市。仅清顺治五年(1648)那次清军镇压金声桓反叛的战争,南昌即被杀 10 多万人。1939 年,日本兵入侵南昌后,烧毁房屋三四万栋,凡有历史价值的老建筑几乎被毁灭殆尽。现在,南昌有较高历史文化价值的古迹已是屈指可数,而且其中有的经过改建早已失去了原有的风貌,有的内容较为单一。我苦苦搜索,终于发现了坐落在南湖北侧的杏花楼。它基本上属于明清建筑,历史悠久,特别是其所包含的文化内容十分丰富,涉及的古今名人众多,在南昌市区现存的各文化遗迹中,可算是首屈一指。

杏花楼遗址缘起于唐代后期的湖心亭,元末为学者潜心求学的"杏阴小隐",明正德间有娄妃梳妆台,明万历中才改建为内阁大学士张位的别墅杏花楼。千年以来,有许多著名历史人物在此进行文化活动,其经历时间之长、内涵之丰富,实为他处所罕见。远的不说,自明代以来,曾有娄妃在此居住,她为维护国家统一安定,反对宁王宸濠阴谋叛乱,表现出了可歌可泣的贞烈行为。又有决策抗日援朝和反对明朝腐败政治的张位,晚年在杏花楼从事发展地方文化的活动。还有世界著名戏剧家汤显祖在杏花楼研究戏曲、音乐,并将此地作为演出《牡丹亭》的后台;同时,汤显祖曾主盟滕王阁文社,相当于今天出任文联主席。此外,还有明代画家唐寅和现代大画家徐悲鸿、傅抱石在此地从事绘画创作。有明末学者舒日敬主持杏花楼文社。有清代大戏剧家蒋士铨为娄妃修墓。此外,明清时期的众多名流和学者、诗人如王守仁、邓以赞、丁此吕、刘应秋、朱郁仪(宁王后裔)、陈允蘅、熊文登、黎元宽、李绂等,皆曾涉足此间。发现了如此一块历史文化宝地,怎不令人兴奋!然而,目前广大南昌市民乃至不少知识分子却对杏花楼的历史文化沿革所知甚少。为此,我不嫌自己才疏学浅,写了《南昌杏花楼》一书,以期对弘扬我国优秀传统文化作些贡献。

不瞒大家说,其实我写这本小书只是画出了杏花楼历史文化的一个大概轮廓,水平不高,我相信还有许多更详细的有关杏花楼的历史轶事和文化精华尚待人们去进一步发掘。可惜我年事已高,力不从心,还望其他有志之士继续探索和研究。

这里，我要特别提到的是，在我写作此书时，得到南昌画院陆蔚书记的支持和帮助，她十分重视弘扬杏花楼的优秀历史文化，协助我多方搜集史料和图片资料。在书稿写成后，又蒙江西省文化厅博物馆处孙家骅处长、南昌市社会科学联合会喻风林主席的大力支持，本书才得以顺利出版。对于他们这种重视文化建设和扶持学术研究的精神，我表示万分的敬佩和由衷的感谢！

俞兆鹏
2013 年 4 月 16 日于南昌大学

图书在版编目（CIP）数据

南昌杏花楼/俞兆鹏著.——南昌：江西人民出版社，2016.12
（南昌历史文化丛书）
ISBN 978-7-210-07181-5

Ⅰ.①南… Ⅱ.①俞… Ⅲ.①楼阁—名胜古迹—介绍—南昌市 Ⅳ.①K928.74

中国版本图书馆CIP数据核字(2015)第061104号

南昌杏花楼

俞兆鹏 著

责任编辑：陈世象
封面设计：揭同元
出　　版：江西人民出版社
发　　行：各地新华书店
地　　址：江西省南昌市三经路47号附1号
学术出版中心电话：0791-86898330
发行部电话：0791-86898815
邮　　编：330006
网　　址：www.jxpph.com
E-mail:swswpublic@sina.com　web@jxpph.com
2016年12月第1版　2016年12月第1次印刷
开　　本：787毫米×1092毫米　1/16
印　　张：7.75
字　　数：100千字
ISBN 978-7-210-07181-5
赣版权登字—01—2015—436
版权所有　侵权必究
定　　价：20.00元
承　印　厂：南昌市红星印刷有限公司
赣人版图书凡属印刷、装订错误，请随时向承印厂调换